AF218618

¿Una rayita?

David López Canales
¿Una rayita?

Por qué en España
se consume tanta cocaína
y no se habla de ello

editorial anagrama

Primera edición: junio 2025
Segunda edición: octubre 2025

Diseño de la colección: lookatcia.com

© David López Canales, 2025

© EDITORIAL ANAGRAMA, S. A. U., 2025
   Pau Claris, 172
   08037 Barcelona

ISBN: 978-84-339-4679-9
Depósito legal: B. 4471-2025

Printed in Spain

Liberdúplex, S. L. U., ctra. BV 2249, km 7,4 - Polígono Torrentfondo
08791 Sant Llorenç d'Hortons

El 27 de junio de 2007 era miércoles y el mundo giraba a sus cosas. Siempre lo hace.

El empresario José María Ruiz-Mateos, sin ser fotografiado, ingresaba por la noche en la cárcel de Alcalá-Meco para cumplir tres años de condena por alzamiento de bienes, mientras Paris Hilton salía sonriente rodeada de cámaras de la prisión de mujeres de Lynwood, en Los Ángeles, después de veintitrés días encerrada por conducir ebria.

En Pekín, el rey Juan Carlos pasaba revista a las tropas chinas junto al presidente Hu Jintao; en el Reino Unido, los supermercados rechazaban vender las zanahorias ecológicas de una empresa del príncipe Carlos y en El Cairo se percataban de que habían tenido almacenada durante años en el sótano de un museo a la momia de la faraona Hatshepsut creyendo que era una momia cualquiera.

El euríbor subía al cuatro y medio por ciento, y en Afganistán se descontrolaba la producción de opio.

En Mondoñedo moría a los ciento diez años Aurora Lombán, la mujer más vieja de Galicia, y en Dos Hermanas lo hacía electrocutado un hombre mientras robaba cables.

En El Ejido montaban un gigantesco escenario para que tocaran los Rolling Stones; Sabina y Serrat se afinaban la garganta antes de empezar una nueva gira juntos y Madrid izaba las banderas arcoíris del Orgullo Gay.

Tony Blair le entregaba las llaves de Downing Street a Gordon Brown, un tripulante caía al agua durante la regata de la Copa América en Valencia, una comitiva de inspectores atómicos viajaba a Corea del Norte, y Zapatero y Rajoy se saludaban tras coincidir en un funeral.

A veces el mundo se para. O se ralentiza. O, simplemente, parece que lo hace y que todos miramos al mismo punto, donde un dedo índice ha detenido el globo terráqueo señalando un destino al azar para viajar, fugarse o soñar con hacerlo.

Aquel día el dedo se paró en España, al norte, en la comarca del valle del Ebro, a noventa kilómetros de Burgos, a sesenta y cinco de Logroño, a cuarenta de Vitoria: en Miranda de Ebro, una ciudad pequeña de treinta y ocho mil habitantes, la mitad nacidos allí, con la misma proporción de hombres que de mujeres.

Las noticias del verano han sido siempre las noticias del verano. Sobre todo en julio y agosto, cuando los políticos cierran por vacaciones y los ciclistas sudan en el televisor a la hora de la siesta. Los periódicos se llenan con historias del pasado; las televisiones, con noticias sobre el tiempo e imágenes de termómetros disparados o playas con *overbooking*, y las radios, con leyendas de asesinos en serie, avistamientos de ovnis o plagas de insectos. En el argot se llaman «serpientes de verano» a las noticias que surgen esas semanas, a las que abarrotan páginas, pantallas y minutos de parrilla más allá de lo que merecen. Los fichajes del fútbol funcionan bien. También cualquier polémica que se pueda estirar. O los romances de los famosos que viven, como las garrapatas, de chupar mientras se esconden.

El 27 de junio todavía no hacía calor en Miranda de Ebro ni se había abierto la temporada de serpientes. Pero aquel día un batallón de periodistas invadió la ciudad.

«España se pasa de la raya», se leía en *El País*. «Quiet Spanish city is Europe's coke capital», titulaba el británico *The Guardian*, uno de los periódicos más prestigiosos del mundo. «Miranda de Ebro: world drugs capital?», se preguntaba la revista británica *The Economist*.

El dedo señalaba a Miranda de Ebro. Esta se acababa de convertir en la segunda ciudad del mundo en consumo de cocaína, solo superada por Nueva York. Según un estudio de Naciones Unidas, que analizó las aguas residuales de una veintena de ciudades del planeta, los restos de benzoilecgonina (la molécula, convertida en huella, que deja la cocaína en la orina) revelaban que en la ciudad burgalesa se consumían noventa y siete rayas al día por cada millar de personas. Una cada cien habitantes.

No es cierto que en inuit haya decenas de palabras para referirse a la nieve.

Cocaína, perico, farlopa, coca, nieve, perica, tema, merca, zarpa, harina, fariña, dama blanca, polvo, azúcar, yeyo, alacrán, bicarbonato, blanca, Blancanieves, la caspa del dia-

blo, leche en polvo, maicena, oro blanco, mandanga, cocacola...

Pero sí existen en castellano para hablar de la cocaína.

Fernando Campo era el alcalde de Miranda. Él se define como un viejo roquero y asegura que ya lo era entonces, y eso significaba estar acostumbrado a todo en política y tener la capacidad de sorpresa anestesiada. Por eso, cuando se publicó la noticia, su primera reacción fue pensar que no era posible. Conocía su ciudad y a sus habitantes, y no había ningún informe de la policía ni de la Guardia Civil que apuntara a ello. Tampoco el perfil de la ciudad, de clase trabajadora, cuadraba. El equipo de prensa realizó un dosier. La noticia circulaba por todas partes, de España a Inglaterra o Estados Unidos. El Ayuntamiento se reunió en un pleno y todos estuvieron a favor de estar en contra del informe. Para entonces ya estaban allí los medios preguntando a los vecinos por sus vecinos. Lo que en otro momento hubiera sido una fiesta, la invitación a practicar delante de las cámaras una de las cosas que mejor se hacen en España, que es hablar mal del vecino, esta vez resultó todo lo contrario. El pueblo estaba indignado. Aquello no era posible, decían unos, repitiendo lo que ya se había convertido en una letanía de su alcalde. Nunca lo hubieran pensado, decían los más crédulos. Alguno creía que habían venido de fuera a mear en el río.

¿Por qué?

Una raya, una línea, un tiro, una fila, un pase. Un gramo. Un pollo, dos pollos, tres pollos, como las canciones infantiles. Ponerse, meterse, esnifar, esquiar, peinarse, aspirar, ir drogado, ir puesto, ir colocado, ir pasado.

Y el mundo, por supuesto, siguió girando.

En 2023 y 2024 el índice volvió a señalar a España. Esta vez a Tarragona. Era la segunda ciudad de Europa con mayor consumo de cocaína, por detrás de Amberes y con casi el triple que Barcelona. De nuevo se habían analizado las aguas residuales. Ahora lo había hecho el Observatorio Europeo de Drogas y Toxicomanías.

Pero el globo no se detuvo.

En el Ayuntamiento también se enteraron por los periódicos. Les impactó. No tenían ningún dato que lo indicara, ni de los servicios sociales y médicos, ni de la policía ni de los ciudadanos.

Tampoco se desaceleró. Nadie miró dónde apuntaba el dedo.

Esta vez no fueron los periodistas a preguntar a los vecinos. Ni siquiera telefonearon al Ayuntamiento para indagar.

¿Por qué?

Habían pasado más de quince años.

La noticia de Miranda de Ebro resultó una serpiente de verano, pero de plástico. No era cierta. El informe se había realizado con datos erróneos. No era el alcalde quien debía una explicación, sino la ONU. Semanas más tarde, la organización acabó pidiendo disculpas públicamente a la ciudad; pero esa noticia, como descubrió su regidor, no fue ya noticia. Ni tenía el mismo impacto y morbo ni llegaba en verano.

Si hubiera sido cierta ya habría una serie de televisión sobre Miranda de Ebro, con sus vecinos puestos hasta las cejas o con una ruta secreta del narco en la España profunda. Da mucho más juego y está menos visto que Marbella.

Ojalá, además, lo hubiese sido, porque hubiera significado un poder adquisitivo que no existía. Un año después llegaría la recesión y la Miranda industrial fue una de las ciudades más sacudidas por ella. El mayor descalabro económico de su historia disparó el desempleo y miles de personas la abandonaron para buscarse la vida en otro lugar. A Miranda de Ebro se la bautizó como el Detroit español.

Las noticias de Tarragona, en cambio, no se cuestionaron. En el Ayuntamiento nada permitía dudar sobre la fiabilidad del informe. Al menos sin un estudio mayor, en profundidad, que no se hizo.

¿Por qué?

El camello, el dealer, el colombiano, la llamada del amor, la llamada de la suerte, el telepollo, pillar, llamar, ¿quieres tema?, ¿que si tengo o que si quiero? Los camellos son como los testaferros de los políticos corruptos: nadie los guarda en sus contactos por sus nombres.

Tras la mentira de Miranda de Ebro, sin embargo, se escondía una verdad.

Primera parte: España

En los años ochenta la cocaína en España estaba en los bolsillos de la *beautiful people*, aquellos hombres y sus esposas con poder, financiero sobre todo, y estilo (o eso se decía de ellos) que, una vez conquistado el Ibex, el mercado inmobiliario o la banca, saltaban al *¡Hola!* y se convertían en personajes de la incipiente prensa del corazón. Parecían los dueños de una España sin dueño una vez muerto Franco, de un país que empezaba de cero. O en los bolsillos de la *jet set* de Marbella, la mezcla perfecta de esa *beautiful* de vacaciones, millonarios más o menos desquiciados, extranjeros turbios, verano y fiestas en mansiones donde los camareros la ofrecían como caviar. También en los del *backstage* de las movidas, o en los de las bambalinas del cine. Había que tener mucha pasta para comprarla o poco apego a la cuenta corriente. En aquella época la inigualable actriz Chus Lampreave asistía a la fiesta de un estreno en Valencia cuando se escabulló para buscar un teléfono y llamar a su marido Eusebio que estaba en Madrid. «¡Voy a probarla, que la pasan en bandejas!», le anunció emocionada. Él intentó disuadirla inútilmente, porque ya la conocía, así que solo le pidió que tuviera cuidado. Lampreave se quedó desilusionada. Decía que no le había hecho nada, que ella ya era así sin cocaína.

Con la llegada de los noventa y las televisiones privadas y el corazón en la pantalla, España era una tómbola y el *prime time* se pobló de famosos que contaban sus vidas habiéndose empolvado la nariz antes de salir. Aquella gente no era la *beautiful* ni los artistas. Apenas se estaban quietos en la silla. Todo cobrando, claro, faltaría más, pero ya el poder adquisitivo había subido y el gramo había bajado de precio. Con ellos se veía el durante y el después. Algunos de esos famosos aparecerían años más tarde inflados como balones de playa, el síntoma de que se habían metido mucho durante mucho tiempo y se habían quitado. Después llegaron los años 2000, cuando España era la nueva rica y con ladrillos se construía una ficción que se derrumbaría en 2008. Y la cocaína entró en otra dimensión.

Cuando Miranda de Ebro se convirtió en su capital mundial tras Nueva York se alcanzaba en España el récord de consumo. Más del tres por ciento de la población la había tomado durante el último año. Excluidos los menores (aunque también la consumen) y los mayores de ochenta años, significaba que más de un millón de personas lo había hecho. El porcentaje prácticamente se duplicaba entre los menores de treinta y cinco años. La recesión cortó la subida y empezó a caer el consumo. Para pillar, una ecuación sencilla e inalterable, además de ganas y acceso, hace falta dinero. Pero la realidad de fondo se mantuvo. Esa era la verdad que encerraba la mentira de Miranda.

España campeona de Europa en consumo de cocaína. España se mantiene como líder de la UE en consumo de cocaína. España, a la cabeza en consumo de cocaína. España entre los países que más cocaína consumen. Así se drogan los europeos: España en el top. La ONU señala a España como líder en abuso de cocaína. El consumo de cocaína en España acelera su escalada.

¿Por qué?

Desde entonces se repiten de tanto en tanto, con cada nuevo informe, las mismas noticias. Y no son falsas. España es uno de los países líderes del mundo en consumo de cocaína. Siempre figura entre los primeros puestos del ranking, junto a Estados Unidos, Inglaterra, Australia y Países Bajos, o, dependiendo del estudio, en muchas ocasiones en el primero. En Europa el consumo medio de cocaína es del uno por ciento de la población, el doble de la media mundial. Pero en la Europa occidental y central, uno de los mayores mercados, sube la cifra. En España la media es más del doble y se dispara hasta el quíntuple entre los treinta y cinco y los cuarenta y cinco años, los mayores consumidores (cuatrocientos mil adultos de esa edad).

España es, y este es uno de los datos más llamativos, el país donde más personas confirman haberla probado: doce de cada cien personas lo han hecho (excluyendo a los menores, son casi cinco millones de personas). En 2007 eran ocho de cada cien. Al comienzo de los 2000, cinco.

¿Por qué?

Noche de sábado, cola en el baño de un bar, parejas o tríos que entran juntos y salen acelerados, con las pupilas dilatadas y la lengua desatada. ¿Una rayita? Festival de música, reparto de funciones: unos compran las entradas y otros pillan. ¿Una rayita? Cena de negocios, se cierra un trato y se aderaza con copa y visita al baño o se adelanta la visita a mitad del menú para maridar la adrenalina de la caza del contrato. ¿Una rayita? Fiestas patronales, plegaria a la Virgen y tiros en un callejón. ¿Una rayita? O un lunes cualquiera que se tuerce en la oficina pero hay que rendir. ¿Una rayita? O una reunión entre amigos en la que el postre se sustituye por el azúcar glas que alguien ha traído en una bolsita, cerrado con el alambre del pan bimbo. ¿Una rayita? O una fiesta en una casa en la que ya no hay ni que meterse a hurtadillas. ¿Una rayita? O un profesor universitario en su despacho entre clases, harto de corregir exámenes. ¿Una rayita? O un músico azuzando las musas o espantando los fantasmas, que probablemente sea lo mismo. ¿Una rayita? O un camarero escabulléndose al baño para meterse y aguantar. ¿Una rayita? O una modelo tras un desfile, como dice la canción de Loquillo, Chanel, cocaína y Dom Pérignon. ¿Una rayita? O un martes tonto, una presentación de algo –la sociedad hoy vive de *networkings* y presentaciones, todo en uno, porque todo tiene que ser nuevo, porque cualquier momento es bueno para celebrar, y en la sociedad de la productividad los límites entre trabajo y ocio se difuminan– que acaba con alcohol (siempre hay alcohol) y algo de coca. ¿Una rayita? O dos médicos en un hospital para resistir el agotamiento y estrés de la guardia. ¿Una rayita? O cualquier otra opción porque caben muchas más y todas son válidas y ciertas.

¿Una rayita?

La cocaína está desde hace años integrada en España. Su consumo ya no resulta extraordinario; se ha normalizado. Aunque siga tomándose a escondidas (la *ceremonia* es parte del consumo) y no se confiese que se hace, es habitual, no sorprende su presencia para quienes la consumen ni para quienes no, al menos en ciertos momentos o contextos y, sobre todo, en ese sector de la población de los adultos entre los treinta y los cincuenta. Su consumo se mantiene estable o sujeto, como el de tantos otros productos, a los ciclos económicos. Cae con la recesión, cuando se desploma todo, y sube con la recuperación; pero sigue siempre alto, en los primeros puestos de esos rankings cuyos méritos no corren a adjudicarse los go-

porros y que se había tragado el humo. «En eso consistía», añadió. Años atrás, Bill Clinton, cuando le hicieron la misma pregunta, se escabulló como pudo, que fue mal, diciendo que había probado los porros en su juventud mientras estudiaba en el Reino Unido (así no lo habría hecho en territorio estadounidense), pero que no se había tragado el humo. Entre ambos, George W. Bush tuvo menos escapatoria. Eran conocidos su afición por el alcohol, de la que le había salvado «el Señor», aleluya, y sus años salvajes en Texas. Sobre la cocaína, por cuya posesión fue incluso arrestado a comienzos de los setenta, dijo solo, que ya era decir, que cuando era joven e irresponsable era joven e irresponsable.

Cuando apareció la noticia de Westminster la onda expansiva llegó a España. Nunca se ha hecho un análisis así en el Congreso ni en el Senado ni hay planes para hacerlo, como no se realiza ningún tipo de control antidroga a los trabajadores en España porque no es legal. Tampoco ningún político reconoce consumirla ni haberlo hecho.

En España la mayoría de las referencias políticas a la cocaína (y a las drogas) son iniciativas que preguntan por adicciones, accidentes y muerte o incautaciones. Generalmente, cuestiones que dirige un partido de la oposición al gobierno de turno y que este resuelve con los datos de las encuestas y estudios que se realizan en España o en la Unión Europea. Ninguna habla de ese largo y silencioso proceso de normalización, del alto consumo ni de por qué España es uno de los países donde más cocaína se toma en el mundo. La última vez que se hizo algo parecido en el Congreso fue en 2012. Se pedía al gobierno la valoración (valoración, no explicación) de que España estuviera a la cabeza de la UE en consumo de cocaína y cannabis. La respuesta no daba ninguna explicación. Ni siquiera intentaba interpretar los datos. Se limitaba a destacar que había bajado el consumo (eran los años duros tras el crac de 2008) y a decir que había que seguir trabajando para bajar los datos. Como si el descenso fuera una cuestión gubernamental y no coyuntural.

En 2008, la otra excepción, un debate por el mismo tema, cuando España estaba en esas cifras récord, derivó en una disputa partidista por hallar al culpable entre el Partido Popular, que preguntaba, y el Partido Socialista, que gobernaba. Desde el Partido Popular, uno de sus diputados se lamentaba por el rifirrafe que mantenían porque detrás de cada cifra lo que había, más allá del número, era un paciente.

Paciente. Incautaciones. Accidentes. Criminalidad. En esos términos se ha hablado siempre de la cocaína. Y mientras, esta ha seguido avanzando, al margen del debate político, o de su ausencia, extendiéndose e integrándose. Hablar de cocaína, hablar de drogas, porque la coca es la reina de las drogas, pero su realidad se aplica a otras sustancias con un consumo muy inferior al de la cocaína (como las anfetaminas, las metanfetaminas, el éxtasis o la ketamina), es un tabú, uno de los grandes tabús de las sociedades modernas. O lo es hablar de drogas o de sustancias en términos diferentes a como se ha hecho. Salvo el cannabis, que ha ido escapando de la lista negra o se ha ido desmarcando. O, por supuesto, el tabaco y el alcohol, drogas legales y socialmente aceptadas, las más consumidas y las que más daños provocan.

Ni siquiera se habla para intentar explicar el porqué. Por qué España es uno de los países que más cocaína consume. Por qué en España la ha probado un porcentaje mayor de la población que en ningún otro lugar. Por qué no se habla de ello. Por qué no lo hacen ni quienes la consumen.

España ha sido históricamente un puerto de entrada de la cocaína a Europa. Los contrabandistas gallegos, primero, y la siguiente generación de narcotraficantes, después, contribuyeron a ello. Por las costas gallegas entró de todo durante décadas. No era el único lugar del continente. A Amberes los viejos narcotraficantes gallegos la siguen llamando, incluso retirados, por su nombre neerlandés, Antwerp, porque Amberes ha sido también, y lo sigue siendo, otra puerta de entrada histórica de la droga en Europa. Amberes es la ciudad que aparecía en los estudios junto a Tarragona como la de mayor consumo de cocaína. Los Países Bajos suelen competir con España por los primeros puestos del *top ten*. Esa puerta de entrada ha sido la explicación a la que se ha aludido recurrentemente para esclarecer las prevalencias tan altas. *Prevalencia* es la palabra que se suele utilizar en los informes y en el discurso político. Significa proporción de personas que sufren una enfermedad. Al ser España zona de entrada, según este argumento, hay más droga y se consume más. Como si la lanzaran los narcotraficantes en bolsitas desde avionetas.

Esto, probablemente, condiciona, pero no basta para explicar la realidad, por mucho que así se haya repetido. Con las fronteras abiertas, Portugal supone el mismo territorio que España y su consumo de cocaína es diez veces inferior. Otro dato que para los expertos desmonta la hipótesis es que, si se comparan las cifras de incautaciones (interpretando que cuanta más cocaína se intercepta, más entra al país) y las de consumo, no hay una relación directa entre que baje la primera y caiga la segunda o suban al unísono. Esto no significa necesariamente mayor disponibilidad, puede ser también que el trabajo policial haya sido más certero, pero es difícil medir la disponibilidad en un mercado opaco. Solo de esta forma, o por el precio, puede intentar hacerse, pero tampoco fluctúa tanto para saber cuándo se produce un exceso de oferta.

Aunque la disponibilidad es un condicionante de la realidad española, ni siquiera se puede establecer si se consume más porque es más fácil conseguirla o si se acaba consiguiendo porque se consume más. En el mundo, además, que no deja de crecer en habitantes y por tanto posibles clientes, se baten los récords de producción de cocaína en Colombia, Bolivia y

Perú. Nunca ha habido tanta. La disponibilidad no es exclusiva de España.

«El gusto por la cocaína, un signo externo de riqueza» es el título de una crónica que el diario *El País* publicó en 1982. Cuarenta años después, no tiene desperdicio. «La coca tiene un público muy especial: los que consideran que un plato de cocaína en un fin de fiesta es, además de esnob, un signo externo de riqueza, como el caviar rojo, el champaña francés o los coches deportivos caros», escribía el periodista. Ejecutivos, especialmente de cierta edad, gentes del mundo del espectáculo y, en general, personas sometidas a una fuerte tensión en su trabajo y en los negocios son, como los describía la crónica, carne de cocaína, un fuerte estimulante, añadía, que no crea dependencia física y del que se asegura que se puede prescindir con un poco de esfuerzo.

España, la coca; la coca, España. Acababan de conocerse.

La nueva droga de las élites resultaba «ideal para un final de fiesta elegante». Y barato para «la escala social de valores que se persigue». No mucho más cara que el caviar rojo y el buen champán francés, el gramo constaba entre ocho y diez mil pesetas, pero de un gramo (la crónica parecía un anuncio) salían hasta diez dosis. Así contado era el producto perfecto. Un símbolo de exquisitez. El no va más del lujo. Pero eso, del lujo, solo apta para quienes daban fiestas elegantes con caviar rojo y champán. Los españoles de 1982 sabían de qué color era el caballo blanco de Santiago pero no el caviar rojo.

Diez mil pesetas el gramo. Sesenta euros. Ese es el dato más importante. El sueldo medio anual del país en 1982 era de siete mil quinientos euros. Ahora es de treinta mil, cuatro veces más, pero el precio del gramo sigue rondando los sesenta euros. En cuarenta años no ha variado. No le ha afectado la inflación ni la subida del nivel de vida ni el aumento del poder adquisitivo ni la mayor demanda. La cocaína ya no es equivalente al caviar rojo. Uno puede no haber visto jamás el caviar, pero sí permitirse pillar de vez en cuando. Frente a los más de quinientos euros que cuesta en Arabia Saudí, los más de cuatrocientos de China, los casi doscientos de Japón o los más de cien de Estados Unidos, España es de los países más baratos. El más barato de la Europa occidental, donde la media alcanza los ochenta y cinco euros.

Solo se encuentra a menor precio en América Latina y en algunos países africanos que, como Senegal, son zona de entrada a este lado del Atlántico. Desde allí las mercancías (no solo drogas, también las armas y los migrantes traficados) atraviesan el Sahel y suben hacia el Mediterráneo para llegar a Europa.

Esta disponibilidad y su precio son una particularidad española que seguro que favorece el mayor consumo. Como lo hace, también, el estilo de vida mediterráneo. La mayor vida de puertas afuera, el consumo social, con el ritual que implica (desde conseguirla hasta buscar el lugar donde hacer las rayas y esnifarla), frente a otros países donde hay más consumidores individuales que se ponen en sus casas. Consumir cocaína (u otras drogas), además, cuando se realiza en el contexto de la diversión, en ese consumo, en grupo, entre iguales, parte el horario. Se terminan las obligaciones y empieza el ocio. No se concibe el nocturno, la fiesta, sin sustancias, comenzando por el alcohol. Es *normal* consumirla así, como diversión, como fuente de placer o como evasión, para aplacar las preocupaciones o los malestares. Este consumo social contribuye también a su normalización.

Además, es un producto en el que la calidad no condiciona, al menos notablemente, su demanda. Los traficantes y los camellos suelen cortarla (adulterarla) con todo tipo de sustancias para tener una mayor cantidad que vender. Lo hacen principalmente con levamisol (un antiparasitario animal), cafeína (de ahí, también, la mayor alteración de los nervios que produce), fenacetina (un potente analgésico) o anestésicos como la lidocaína. La pureza, al contrario que los precios, sí fluctúa. Se sitúa entre el treinta y el ochenta por ciento, que es un margen amplísimo, con una media entre el cincuenta y el setenta, pero ha ido variando a lo largo de los años 2000. La segunda década del milenio fue la mejor, pero sin que realmente condicionara. Se eligen los vinos por sus uvas, se eliminan los glútenes y las lactosas de la dieta y se vigilan los picos de glucosa, pero cuando llega el momento de la coca desaparecen los filtros. Quien tiene un buen *dealer* presume de ello y su contacto es oro. Pero la exigencia, en algunos momentos, no existe. Más que el qué, la calidad, importa el cuándo, la disponibilidad.

El mayor consumo en España requiere, no obstante, más explicaciones. Es un fenómeno poliédrico. La propia imagen de esta droga lo condiciona. Globalmente siempre se ha asociado, por el efecto del cine y de la música, al glamur, al sexo, a una vida salvaje, al arte, mitificándola como el polvo mágico capaz de llevar la creación y el placer más allá, a tierras vírgenes, a territorios únicos y prohibidos. El cine, aunque sus actores esnifan polvos como la maicena y a través de canutos trucados que retienen casi todo en su interior, retrató la cocaína durante años como símbolo de rebeldía o sofisticación. Más aún el cine de Estados Unidos, que la diferenciaba así del crack (la cocaína en piedra, fumada) que sacudía el país en los ochenta y era sinónimo de clases bajas, exclusión y delincuencia. Después llegaron el crimen a gran escala, la coca a kilos y las historias de narcos. Si el alcohol o la marihuana funcionaban para las comedias y la metanfetamina para el crimen, la cocaína era para la acción. Desde hace años también aquí ha cambiado la realidad, y la coca, como en la sociedad, se ha normalizado en los guiones, y ya no es patrimonio de esas escenas extraordinarias de sofisticación o de sexo, drogas y roncanrol o de las marginales y violentas, sino de la vida cotidiana, de historias de vidas ordinarias. El cambio de imagen representa un cambio de sociedad, pero ese cambio de imagen probablemente contribuya también al cambio de la percepción social.

En el caso español, a este efecto extendido por la globalización se suma la realidad del país. Consumir coca era de artistas o de élites exquisitas, como lo describía en 1982 el artículo de *El País*. De ricos, o de nuevos ricos. Como el país que fue España con la *cultura* del pelotazo y que ha sido (y es) con las burbujas inmobiliarias. Los efectos de la coca incluso se parecen: la intensidad, el ya, el todo.

La cocaína, como el caviar, sin importar su color, o el champán, era aspiracional. Doble aspiración, cómo consumirla y por qué consumirla. Otorgaba estatus hacer aquello que hacen los de arriba. Se es lo que se consume. O se intenta, porque no todos pueden. Aunque la asociación de la cocaína con el éxito y el prestigio haya perdido fuerza por el aumento de los consumidores y la mayor democratización, esa imagen ha continuado activa. Cuesta mucho que se desmonte un relato construido durante años. Más aún en un país con complejo de clases y aspiración de escalar o de simularlo.

En 1986 las drogas (así, en genérico) eran el mayor problema del país para uno de cada tres españoles. El cuarto en gravedad tras el paro, el terrorismo de ETA y la inseguridad ciudadana. Diez años después se convirtió en el segundo tras el paro. Le preocupaba a la mitad de la población. En 2004 el terrorismo subía al primer puesto (fue el año del atentado del 11-M) seguido por el paro, la vivienda y la economía. Las drogas solo las mencionaban dos de cada cien personas. Una década después ya se marginaron como uno de los últimos problemas y así ha continuado desde entonces. La sociedad, tanto quienes las consumen como quienes no, ha perdido el miedo a las drogas. La percepción del riesgo ha desaparecido. Al menos la percepción que había hace treinta años.

Durante muchos años la imagen de la droga en España fue la del mal, la de la delincuencia que generaba, la de que mataba y era indiscutiblemente terrible. En los ochenta su representación era una jeringuilla de heroína tachada y el lema «engánchate a la vida». En los noventa la droga fue un gusano que subía por una nariz hasta el cerebro, como los alienígenas desovan en el interior de los humanos en la ciencia ficción.

Se difundían las campañas por televisión y se organizaban conciertos de artistas contra la droga (qué sucedería en esos camerinos...). Los medios de comunicación contribuyeron durante años a difundir esas campañas y esa idea. La droga era la jeringuilla y el gusano y provocaba delincuencia, adicciones y muerte. La droga era un monstruo. Dos décadas más tarde los periodistas fueron a Miranda de Ebro movidos por el morbo de interrogar a los mirandeses para que rajaran de sus vecinos y años más tarde ni siquiera contactaron con el Ayuntamiento de Tarragona para preguntar qué tenían de particular su ciudad y sus habitantes para que se consumiera allí tanta coca.

La heroína causó estragos en España en los años ochenta y noventa. Más de trescientas mil personas fueron tratadas por su adicción, más de veinte mil murieron por sobredosis, cien mil se contagiaron del sida por compartir jeringuillas y muchas más de hepatitis. A finales de los ochenta se alcanzaba el pico de consumo, pero fue a comienzos de los noventa cuando más se notaron los estragos. En aquella época se convirtió en la principal causa de mortalidad para los jóvenes en las grandes ciudades. La heroína no solo destrozaba a sus consumidores, también a sus familias, y sacudía a la sociedad por la delincuencia con la que estaba relacionada. Fue una crisis de salud pública.

Hoy la heroína es marginal en España. Menos de una persona de cada cien confirma haberla probado alguna vez (frente a las doce de la coca) y solo una de cada mil lo ha hecho en el último año (treinta de cada mil han consumido cocaína). Aquella crisis no fue exclusiva de España. También sacudió otros países europeos como Francia o Italia. Allí sigue habiendo un consumo mucho más alto que en España.

Cuando aparecieron, la heroína y la cocaína estaban asociadas. La sociedad las metía en el mismo saco, eran las drogas duras, las que enganchaban a la muerte o devoraban el cerebro. Pero después se separaron, no tenían las mismas consecuencias, y eso ha contribuido seguro al cambio de percepción y al auge en España de la coca. En otros países donde no se vivió la tragedia de la heroína probablemente la percepción de ambas drogas no sea tan opuesta.

La coca no se asocia a problemas, enfermad ni delincuencia, sino a diversión, estatus y prestigio, incluso. Ahí está de fondo esa imagen de éxito con la que entró. La coca era glamurosa. Después fue siendo de todos, pero con un perfil normalizado. No se distingue a quien la consume. Quien lo hace lleva, de hecho, en la mayoría de los casos, una vida normal, aunque *normal* sea una palabra que diga poco en cuanto a vidas. Es el padre del niño en el parque, la compañera de trabajo, probablemente el político que aparece en el debate en televisión.

Los pringados eran los de la heroína. El perico era de yupis; el caballo, de yonquis. Además, ya lo contaba el periódico en 1982, la coca no enganchaba. Parecía que se podía controlar siempre. El choque de sus imágenes contribuyó a establecer una diferencia abismal entre ellas y a ensalzar la cocaína. Si el consumidor de heroína atracaba para meterse un pico, el de cocaína podía dilapidarla soplando porque le sobraba la pasta. El fulano con traje a medida que maneja ceros en el lado bueno de la coma y habla más de caviar rojo que de números rojos, la actriz que se retoca el rímel y después se espolvorea por dentro la nariz antes de deslumbrar en la alfombra roja, la estrella de la música que la esnifa en el camerino rodeado de grupis, los habitantes de esa jet que suena a mitología a pie de calle, en una fiesta exquisita, de esmoquin o con vestido largo... Cada uno podía (y puede) tener su imagen asociada a la cocaína y no coincidir. Con la heroína, en cambio, no había discrepancia. La heroína era los yonquis con chándal de tergal, con los ojos extraviados y las cuencas excavadas en el cráneo, más dedos que dientes y un cuerpo que se descomponía por días. Hoy Gucci diseña chándales como aquellos por mil quinientos euros y el fantasma de la heroína ha desaparecido.

Lo mismo ha sucedido con el lenguaje, tan crucial porque las cosas son como las vemos y como las llamamos. La terminología de ambas drogas también se diferenció. La heroína era un chute, la coca una raya o un tiro. Uno podía ir drogado y el otro puesto. El yonqui era el de la heroína; el adicto, el de la coca.

El lenguaje no condiciona únicamente la comparación entre ambas sustancias, también cómo se aborda toda la cuestión de las drogas.

No es lo mismo usarlas (*use*) que abusar de ellas (*abuse*), como suelen decir los anglosajones. Ni siquiera tomar, como se toman una copa o un té, que *meterse*, con la violencia (en negativo) o la transgresión (en positivo) asociada a la segunda. Como no son lo mismo consumidores que adictos o pacientes, como se refería el diputado conservador en el Congreso a todos quienes la toman; ni niveles que prevalencias. Igual que hay un gran salto simplemente entre hablar de drogas o de sustancias. La Organización Mundial de la Salud no distingue entre unas y otras. Droga es «toda sustancia que, introducida en el organismo por cualquier vía de administración, produce una alteración, de algún modo, del natural funcionamiento del sistema nervioso central del individuo y es, además, susceptible de crear dependencia, ya sea psicológica, física o ambas». Como la cocaína. Pero también como el alcohol, el tabaco, el azúcar o como tantos medicamentos que se recetan a diario.

Enfocar el fenómeno de las drogas desde una perspectiva biológica, con una terminología médica, no solamente condiciona las posturas y las acciones, sino que margina todos los factores antropológicos, sociales y culturales que también intervienen. El diccionario en la calle muestra esa complejidad, al contrario que el oficial.

El gran NO a las drogas, paradójicamente, también fomentaba su consumo. Frente al discurso hegemónico y la droga convertida en el demonio que atemorizaba a la sociedad, hasta situarla como uno de los principales problemas del país, drogarse era rebeldía, ir contra lo establecido, y su consumo furtivo fomentaba su atractivo. Las sustancias son lo que culturalmente se percibe de ellas, para bien o para mal. Con los años y la integración se fue reduciendo el encanto de la transgresión asociada a la coca, como se ha diluido su vinculación con el éxito; incluso la clandestinidad de su ritual tampoco es la que fue. También ha ido perdiendo su cualidad de rebeldía juvenil frente al sistema o de creación de identidad de grupo. Su nivel de consumo entre los menores de veinte años es el mismo que en los años noventa, a pesar de ser infinitamente más asequible.

La cocaína está (como otras sustancias) en otra dimensión. Han ido apareciendo nuevos (y muchos) consumidores con perfiles distintos a los de sus orígenes o su expansión. Consumidores que crecieron con el no y cuya experiencia los hizo evolucionar hasta contribuir y ser parte de la normalización. Todo, por supuesto, en silencio.

El eslogan de «la droga mata» se desechó hace tiempo, pero su efecto ha tenido sus consecuencias. La única respuesta a la droga era el no. Solo había dos opciones: la droga o la vida. La droga, de nuevo la importancia del lenguaje, era la muerte. Un mensaje radical que todavía se critica hoy, tantos años después, porque para quien la probaba y no se moría, o quien sabía que la realidad no era dicotómica, la campaña ya no funcionaba. La droga mata. O no... También el agua, siguiendo esa premisa. Di NO a la droga, pero ¿qué sucede con quienes dicen sí?

Segunda parte: el mundo

A los veintiséis años Albert Niemann tenía ya aspecto de señor, con una silueta hitchcockiana y la frente ganándole terreno a la cabellera. Había cambiado las patillas como vigas del retrato de sus primeros años en la universidad por una barba larga y espumosa como de rabino que seguro le incomodaba para anudarse el corbatín. Y escrutaba con una mirada de ojos claros y fija de determinación, de ambición o de ambas.

Niemann nació en Goslar, en la Baja Sajonia, entonces reino de Hannover, en 1834. Con quince años fue aprendiz de farmacia en la vecina Gotinga, al sur, donde tras cumplir los dieciocho empezó a estudiar en la universidad, una de las más famosas del continente.

La química vivía entonces lo que se definiría años más tarde como su segunda revolución. Si la primera, casi un siglo antes, había dado inicio a la ciencia química, dejando atrás siglos de alquimia, ahora surgía, entre otros avances y conocimientos, la química orgánica. Se descubría que la materia orgánica podía también ser sintetizada en los laboratorios y no solo por los seres vivos en la naturaleza. Este proceso se definiría con el sufijo -ina, que hace relación a los alcaloides extraídos de un árbol o una planta, como la cafeína, la morfina o la quinina. De esta segunda revolución saldrían también las primeras tablas periódicas que comenzaron a ordenar los elementos químicos y sus propiedades.

La ciencia es como una carrera de relevos, aunque solo hay medalla para el que llega a la meta. En 1855, cinco años antes de que Niemann se encerrara en el laboratorio de la universidad, su compatriota Friedrich Gaedcke había hecho la primera gran investigación con la coca, y se convirtió en el primero que aisló el alcaloide de sus hojas. Lo bautizó como eritroxilina, el nombre científico de las plantas de coca.

En muchas ocasiones la ciencia es también

una ruleta de la suerte que gira, como el mundo, y que el científico no sabe dónde se va a parar ni qué le va a deparar. Eso le sucedió a Niemann.

Su profesor Friedrich Wöhler le ofreció hojas de coca para que investigara con ellas. A él, a su vez, se las había dado Karl von Scherzer, un tipo que había trabajado como impresor hasta que, tras heredar la fortuna familiar, se lio la manta a la cabeza, dejó el curro y montó una expedición científica para recorrer el mundo en una fragata. Entre abril de 1857 y agosto de 1859 la travesía de la *Novara* se convirtió en uno de los viajes científicos más importantes de la historia. En él descubrieron dos centenares de especies de animales y plantas.

La planta de la coca no figuraba en el catálogo de novedades. Los conquistadores españoles la conocían desde que llegaron a las tierras incas de lo que hoy es Perú. De ella escribieron hablando de su importancia entre los indígenas, de la veneración que le profesaban y de su uso ritual en ceremonias. Cuando aquellos hombres la mascaban no padecían sed, hambre ni cansancio. La habían traído ya a Europa, como tantas otras cosas nuevas, pero sin mayor trascendencia. Para que lo hiciera faltaba que llegara el siglo XIX, una moda por la hoja de coca en Europa y, sobre todo, la segunda revolución química. Después arribó también la *Novara* como un arca de Noé con hojas de coca en su bodega. Y la ruleta se detuvo.

El profesor Wöhler andaría entonces en otra, porque le cedió a su discípulo aquellas plantas de coca para que experimentara con ellas. En 1860, Niemann publicó el resultado de su trabajo. Tituló su informe «Una nueva base orgánica en las hojas de coca». Era mejor como químico que como escritor. Si el título no poseía mucho atractivo, el contenido, sí. «Esta solución –escribió– tiene una reacción alcalina, un sabor amargo, fomenta el flujo de saliva y deja un entumecimiento particular seguido de una sensación de frío cuando se aplica a la lengua.» Niemann aportaba una fórmula molecular para el resultado de su investigación y un nombre al descubrimiento: cocaína. Había aislado la cocaína de las hojas de coca, el principal (para esta historia) de sus múltiples componentes, el que le da sus propiedades analgésicas, anestésicas y estimulantes, y acababa de bautizarla. Aún faltaban años, sin embargo, para que se completara el trabajo. Primero lo hizo su ayudante Wilhelm Lossen, quien repitió su investigación y mejoró la fórmula. Pero fue Richard Willstätter quien fijó la estructura correcta treinta años más tarde. Willstätter acabó ganando el Premio Nobel por su trabajo con las plantas y por desentrañar las claves de la clorofila.

De nada de esto se enteró Niemann. Un año después de haberse doctorado decodificando la cocaína y de haberle puesto nombre, ya andaba en el laboratorio con otros retos. Ahora experimentaba con etileno y dióxido de azufre. En su cuaderno apuntó que la mezcla abrasaba la piel y que las heridas tardaban mucho tiempo en sanar. Fue una de las últimas anotaciones que hizo. Semanas más tarde murió a los veintisiete años, como las leyendas del rock, por una enfermedad pulmonar provocada, probablemente, por inhalar el vapor de la mezcla viscosa con la que trabajaba. Había fabricado gas mostaza.

Desde que se sintetizó, la cocaína fue legal durante décadas. Es una historia conocida. Niemann destiló el principal activo de la hoja de coca, otros perfeccionaron su trabajo, después se descubrió su capacidad anestésica y a partir de ahí la industria emergente de la farmacia y la química hizo el resto. Se empleó en

numerosas fórmulas de medicamentos, tóni-
cos y elixires, entre ellas la de la Coca-Cola,
que la acabaría sustituyendo por cafeína cuando la cocaína empezó a estar mal vista. De
1889 es un anuncio, que se publicó en *La Van-
guardia*, de pastillas Crespo, elaboradas con
cocaína y mentol. Hasta el cantaor flamenco
Antonio Chacón las recomendaba. Con ellas
se «arreglaba la garganta dolorida e irritada»,
como decía el anuncio, tras una noche de can-
te. No fue su único prescriptor. Entre sus par-
tidarios más famosos –una historia también
muy conocida–, figuró Sigmund Freud, que
además de consumirla le hacía el marketing
recomendando su uso porque combatía la depresión y era, dos en uno, un potente vigori-
zante sexual. Incluso continuó haciendo campaña por ella tras escribir que había provocado
en algunos de sus colegas (y en él mismo) una
decadencia física y moral. A principios del siglo xx se popularizó esnifarla. Hasta que se
prohibió.

En el año 1620 salió por fin el *Mayflower*,
tras dos intentos fallidos, desde el puerto inglés de Plymouth con destino al otro lado del

Atlántico. A bordo, un centenar de personas que al llegar fundaron la primera colonia de peregrinos anglosajones en el nuevo mundo: el origen de Estados Unidos. Entre ellos iban decenas de puritanos que buscaban, literalmente, un nuevo mundo en el que comenzar siguiendo la palabra del Señor. Aquellos puritanos, y los que llegaron después, habían abierto un cisma en la Iglesia protestante anglicana. No era lo bastante recta y pura, o lo recta y pura que para ellos debía ser. Sentían aún la influencia del catolicismo y estaban en contra de sus reglas y de sus ritos, desde la jerarquía hasta la celebración de la Navidad. Querían otra Iglesia. Querían otra sociedad. Y por eso, como tantas veces, como siempre, la religión se convirtió en política y la política en enfrentamiento.

A bordo de aquellos barcos llegaron durante años miles de puritanos al nuevo país que se fundaría en 1776 tras independizarse de Inglaterra. Fue una buena solución para todos. Quienes se marcharon (de puritanos ingleses a calvinistas holandeses) encontraron una hoja en blanco para crear la sociedad que demandaban, y quienes se quedaron se quitaron un problema de encima.

La Biblia, siguiendo las ideas del siglo XVI de Juan Calvino, era la única autoridad para los creyentes, el único mapa, y Dios el único que podía salvar a la humanidad, corrupta y pecaminosa por naturaleza, porque Adán y Eva entendieron que el paraíso era otra cosa. El Estado (su nuevo Estado, lo que no habían logrado en la vieja Europa) debía, por tanto, regular la moral de los hombres según la religión. Las leyes de los hombres debían ser las leyes de la Biblia. Básicamente, todo debía prohibirse porque todo es fuente de pecado, y el ser humano es un ser débil incapaz de elegir ni controlarse desde que sucumbió a la tentación en el Jardín del Edén. Juegos de azar, prohibidos. Bailes en pareja, prohibidos (conducían a la fornicación). El sexo, solo en el matrimonio y para procrear. El adulterio (si te pillaban...) podía suponer la pena de muerte. La asistencia a la iglesia, por supuesto, era obligatoria. En algunas comunidades se expulsaba a los que pensaban diferente y se los colgaba si regresaban, y se cortaba las orejas a los blasfemos. La transgresión de un miembro de la comunidad amenazaba a todos. La ira de Dios era la ira de Dios. De ahí la confesión y los castigos públicos.

Aquel puritanismo está en el ADN de Estados Unidos. Está en la doble moral de un país que se escandaliza por los pezones en las redes sociales, pero no por apoyar regímenes genocidas. Esa moral rancia y fundamentalista circula aún por sus venas. Está en sus casas sin vallas, nada que esconderse entre vecinos (o todo para vigilarse) porque se le ocultaría a Dios; está en su historia reciente, cuando muchos vieron en el cine, la televisión o el rock la mano del diablo, y está en los genes de sus habitantes. En la línea borrosa entre la vida privada y la pública, en los grandes escándalos por los adulterios de algunos políticos o por los ingresos de los famosos en las clínicas de desintoxicación tras haber sido débiles y sucumbido al alcohol o a las drogas. Pero está también en la redención de todas esas caídas, en el arrepentimiento y en los nuevos comienzos. En el perdón de la sociedad (como Dios perdona nuestras ofensas) y las nuevas oportunidades que se dan. Está en Paris Hilton abandonando sonriente la cárcel tras haber cumplido condena, en la excepción de Las Vegas como aguas internacionales de la mirada de Dios, y en la Casa Blanca, con Bill Clinton, el mismo que no se tragó el humo del porro, con una becaria de rodillas en el Despacho Oval. Su caída en el pozo del pecado casi le cuesta la presidencia. Sobre todo, cuando mintió, doble pecado, aún mayor, de hecho, que la felación. Mentir es hacérselo a Dios. Pero lo salvaron (aleluya) la confesión y el arrepentimiento, y se produjo el milagro de la redención. La Biblia como código penal y de conducta.

Todas las sustancias se sometieron a ese filtro y a sus leyes. Cualquiera que pudiera alterar la conciencia, la rectitud que se le debe al Señor, debía ser perseguida. Eran pecaminosas porque conducían a la corrupción del cuerpo y del alma. Más de un siglo antes de que se firmara la primera constitución del nuevo país, se había redactado otra en 1650, conocida como Código Ludlow, que limitaba ya el consumo de alcohol y prohibía el de tabaco en público. «La palabra de Dios requiere que, para que se mantenga la paz y la unidad, debe haber un gobierno establecido según Dios, para ordenar y disponer de los asuntos del pueblo en cada época cuando la ocasión lo requiere», decía en su preámbulo.

La batalla por la purificación continuó. Cuanto más atrae una sustancia mayor necesidad de perseguirla. Al hombre no se le puede dejar elegir porque no sabe y buscará la felicidad fácil en ella y no a través de la oración y de Dios, que es el único que otorga la felicidad al hombre porque esta es la salvación. El alcohol era el demonio. Y lo combatieron durante años, hasta que en 1919 vencieron: se aprobó la ley Volstead, la ley seca por la que durante más de una década estuvo prohibida la fabricación y venta de bebidas alcohólicas en el país. El resultado lo conocemos bien. De aquella década salieron los grandes gánsteres, los mejores clubes de jazz (nada acompañaba mejor al alcohol clandestino) y los peores licores destilados en garajes. El hombre siguió cayendo en el pozo infinito del pecado.

Estados Unidos no era ya solamente un país fundado con esas raíces puritanas, sino también un país capitalista. Además de pecaminoso, el alcohol afectaba a la productividad, más aún a la de los nuevos estadounidenses que habían ido llegando al país, que eran los borrachos, al contrario que los descendientes de los primeros colonos. Por eso, también, había que prohibirlo.

El alcohol y su ley seca son uno de los puntos culminantes de la cruzada por lo que se alcanzó y lo que supuso, pero no el único. El

Congreso había dado ya en 1914, cinco años antes, un golpe letal con formato de ley al mercado legal de opiáceos y cocaína. No solo habían influido el puritanismo y el capitalismo, sino también la segregación racial. El consumo de sustancias se atribuía a otras razas, que no eran la blanca dominante, y a otros inmigrantes. Era cosa de negros, como la cocaína en los estados sureños, o de chinos, como el opio. Contaminaban la moral del país y de la población, sobre todo a los trabajadores. Pero no era algo exclusivo de Estados Unidos. Los estadounidenses habían embarcado ya al mundo en su cruzada.

Sucedió primero en 1912 en La Haya, con una convención internacional contra el opio y sus derivados (en la que se incluyó a la cocaína) que sirvió como fundamento para la ley del Congreso de 1914. Pero no bastaba con limitar su legalidad y controlar a sus fabricantes. Era necesario prohibir. Y no solo su fabricación y venta, sino también su tenencia y consumo. Así se hizo a lo largo de los años veinte y treinta con varias convenciones internacionales en Ginebra impulsadas por Estados Unidos. Los consumidores se iban a convertir también en criminales. Acababa de imponerse el prohibicionismo. En 1961 se celebró en Nueva York la Convención Única sobre Estupefacientes, que perfeccionó, reguló y amplió la lista de sustancias y aquellos acuerdos previos, y que es la base de la legislación sobre drogas en todo el mundo. Por ley no estaría permitido fabricar, exportar, importar, comercializar, poseer o consumir drogas. Acababa de consolidarse el prohibicionismo.

Los diccionarios ingleses definen hoy como puritana a la persona que tiene actitudes morales muy estrictas y que considera malo el placer. La esencia, siglos después, de los puritanos que dejaron Europa buscando tierra virgen para su sociedad de moral pura. Aquellos hombres y mujeres que condenaban todo placer porque todo lo que era fuente de placer era en realidad fuente de pecado. Pero ¿qué placeres, los corporales o los espirituales? ¿Hay racionalidad en el placer? ¿Es placer si hay racionalidad? ¿Cuál es su medida adecuada? ¿Quién la establece? ¿Cómo? En este debate llevamos toda la vida, literalmente.

La búsqueda del placer es intrínseca al ser humano. No distingue épocas ni religiones.

Y su debate, milenario. Cuatrocientos años antes de Cristo el filósofo Aristipo abogaba por la libertad total del individuo y por alcanzar la felicidad a través de los placeres, sin límite ni consecuencias. Más de cien años después Epicuro defendía la misma tesis de que debía recurrirse al placer en esa búsqueda de la felicidad, pero disfrutándolo con moderación para evitar el daño de sus excesos. No parece que hayamos avanzado demasiado: ambos sentaron la base filosófica del hedonismo y se mantienen como referentes del debate. Después llegarían la Biblia y los monoteísmos, Adán y Eva escogieron el placer, fueron condenados y con ellos todos por los siglos de los siglos. Para los puritanos no había término medio. Si existía la felicidad para unos seres impuros era la de vivir según las reglas de Dios, bajo su mirada omnipotente e irascible y, por tanto, sin tocarle las narices. Trabajo, familia y adoración como únicas fuentes de placer o el placer de vivir congraciados con Dios, expulsados todavía del paraíso pero perdonados. Sin juegos, sexo ni sustancias. Vivir atravesando el valle de lágrimas. Menos mal que también les vendían con el pack otra vida más allá. Aquella no lo era.

Con el prohibicionismo se estableció que las drogas eran una fuente exclusiva de problemas y enfermedades. Como en todas las religiones se repiten los mismos mensajes (así se interiorizan de generación en generación), también se hizo con el prohibicionismo. Se construyó la idea única de droga y se difundió. Son imposibles de controlar porque conducen inexorablemente a la perdición del ser humano y, por tanto, deben ser prohibidas. Son pecado, aunque los mensajes no incluyeran ya esta palabra. No era necesario porque llevaba siglos asumida la asociación. Y esa idea se creyó y se asimiló hasta consolidarse. De ahí venía el NO a las drogas. La única alternativa para los estados es prohibirla y para las personas abstenerse de consumirla. Pero, de nuevo, ¿qué pasaba con quienes decían sí? Ya sucedió con la ley seca, que resultó bastante húmeda. ¿Dónde quedaba el placer que las sustancias también provocan? ¿O la libertad de escogerlas, aunque sus consecuencias no resulten placenteras? ¿Se pueden prohibir como prohibían todo aquellas comunidades de colonos? ¿Prohibir y perseguir eran el único camino posible? ¿Se impusieron a todos unas normas condicionadas por la mojigatería de un país?

¿Nos castigaría un dios salvaje por redactar otras leyes?

Las políticas que plantean una alternativa al prohibicionismo y a la abstención como modelos únicos se conocen como «reducción de riesgos». En ellas se destaca, frente a la utopía del modelo sin consumo y a la consideración de los consumidores como enfermos o criminales, que el consumo cero no existe, ni va a existir, y se enfoca el fenómeno desde un prisma más realista. Se acepta así a los consumidores (no se los juzga ni discrimina) y sus consumos, y lo que se busca es, como indica el nombre, reducir los riesgos que el consumo de sustancias implica. Estas políticas comenzaron en los años ochenta, agotado ya el modelo prohibicionista como único enfoque para las drogas. Son postulados incómodos, como lo son todos aquellos que se enfrentan al sistema, más aún porque aquí la base del trabajo son las drogas ilegales. Pero son postulados necesarios que benefician a la sociedad, tanto a quienes consumen como a quienes no, porque trabajan con la auténtica realidad del fenómeno y no con esa realidad buscada y nunca conseguida de que las drogas desaparezcan, como sucedía con la ley seca de los años veinte.

Desmontar los mensajes repetidos durante décadas es un reto casi imposible, mayoritariamente silencioso, un trabajo de desgaste de una moral anquilosada y de una cerrazón. Los programas de reducción de daños aceptan, básicamente, que, aunque el ideal sería que no se consumieran sustancias dañinas para la salud, estas se consumen porque gustan y porque se quiere consumirlas, que los consumidores son responsables y pueden consumir responsablemente y que, por lo tanto, no se debe imponer una visión que reduce todo a la criminalidad (los vendedores) y a la enfermedad (los compradores).

La reducción de daños significa comprender quién consume, qué consume, cómo lo hace y por qué para articular las políticas sobre drogas a partir de esas experiencias y poder así desde prevenir hasta educar para disfrutar su consumo. Y cuando hablan de disfrutar no es un verbo aleatorio. La reducción de riesgos significa tener conciencia de cómo se consume. No solo por las cantidades, sino por el cómo, para trabajar sobre ello. Educar para que quienes dicen sí a las drogas, como sucede con la cocaína, sean cautos al hacerlo. Eso implica desde dar pautas para las primeras veces (saber qué se meten, empezar por una raya pequeña, controlar el ritmo de consumo, no dejarse llevar por otros, ser conscientes de cómo sienta y frenar si no se encuentran bien) hasta explicar cómo se consume. A pesar de la clandestinidad del consumo, que tiene mucho de ritual social, se puede hacer de otra manera. Entender que hacerse una raya en el baño de un bar de madrugada es añadirle mierda, que esnifar a través de un billete es aún peor y que saber lo que uno se está metiendo debería ser imprescindible. Porque se miran los ingredientes de los alimentos o las etiquetas nutricionales y se cuentan calorías y pasos, pero cuando llegan la noche y la cocaína no hay sistema de medidas que valga ni memoria.

Una nueva generación con padres que son o han sido consumidores crece ya con unos mensajes en sus casas propios de la reducción de riesgos y no del prohibicionismo, a diferencia de los que recibieron varias generaciones en España. Eso es también la normalización y eso fomentará, de hecho, una mayor normalización.

La reducción de riesgos significa también cambiar el diccionario de las drogas. Poder llamar a cada consumidor por su nombre y saber que no todos son adictos, como plantea el prohibicionismo. Hacerlo así beneficia cuando surgen los problemas, cuando alguien se pasa de la raya y sufre una adicción para la que necesita ayuda. También ahí se ve la normalización de la cocaína. El aumento del número de personas que acceden a tratamiento es un indicador de que se consume más, pero, así mismo, de que la normalización y la aceptación del consumo favorecen que esas personas no se escondan, no se sientan criminales perseguidos o enfermos discriminados y pidan ayuda como se acude a otros médicos por alguna enfermedad.

España es el país de la Unión Europea donde más personas buscan tratamiento por la cocaína, aunque sus cifras no se aproximan a las del alcohol. El alcohol es con diferencia la sustancia con el mayor impacto negativo. Las relaciones sociales en España están siempre regadas por alcohol: unas cañas, unos vinos, unas copas. El alcohol supone casi la mitad de los nuevos ingresos para recibir tratamiento. Pero la cocaína alcanza ya una cuarta parte de estos y es el doble de los del cannabis. En total, cerca de diez mil nuevos pacientes al año, casi el doble si se contabiliza a los que vuelven a intentarlo tras haber recaído. En la época en la que Miranda de Ebro se llenaba de periodistas ansiosos por que los vecinos airearan los pecados de sus vecinos, la cima de los años del boom antes de la recesión, la cifra alcanzaba los trece mil. A principios de los noventa, cuando la heroína hacía estragos, no eran ni un millar los que se rehabilitaban de la coca.

La mayoría de esos nuevos ingresos son de hombres, casi nueve de cada diez, con una edad media de treinta y cinco años y una vida familiar y social arraigada. Españoles de clase media a los que se les fue de las manos y que quieren volver atrás. Consumidores que controlaban, porque con la cocaína se cree que siempre se controla, hasta que dejaron de hacerlo. Personas que, quizá, como no la consumían todos los días, se sentían a salvo, pero que estaban enganchadas, con un nivel de consumo disparado y alterando sus vidas. Al contrario de lo que decía la crónica de *El País* de 1982, la cocaína es muy adictiva y puede generar dependencia. Los tratamientos de rehabilitación se desarrollan en dos niveles. Por un lado, el farmacológico, para tratar la abstinencia que sufre el cuerpo, regularlo químicamente, así

como los trastornos mentales que desenganchar-
charse puede conllevar, desde la ansiedad hasta la depresión. Por el otro, el psicológico, para
identificar y evitar las situaciones de riesgo (un
adicto lo será ya siempre) que inciten a recaer,
pero también para replantearse la vida que se
llevaba y aprender a afrontar situaciones (estrés, frustración, tristeza...) a las que se respon-
día consumiendo. Porque la cocaína no es solo
el qué se consume, sino por qué se hace.

Pero si la coca ya no es tanto de ricos, qui-
tarse de ella sí lo es. En la sanidad pública, la
rehabilitación comienza en el médico de familia, que es quien deriva al especialista y a partir
de ahí se entra en un proceso que contempla
desde el tratamiento ambulatorio hasta el in-
greso en un centro público. Pero es un sistema
insuficiente. De ahí que, quien se lo puede per-
mitir, recurre siempre al sector privado. El tratamiento es largo y terriblemente costoso. Entre dos y doce mil euros al mes cuestan las
clínicas privadas para un procedimiento que
dura entre uno y dos años con las diferentes
fases de desintoxicación, deshabituación y
mantenimiento de la nueva vida sin consumo.

Los expertos consideran el consumo problemático cuando excede los treinta días al

año. Según los informes, en España hay más de cien mil personas que lo hacen. Saber que un conocido ha iniciado tratamiento no resulta ya tan extraordinario, aunque la noticia todavía sorprenda al principio. Sobre todo por no haber percibido antes su situación. En muchas ocasiones es la propia persona quien lo reconoce y lo cuenta, como un efecto de esa normalización del consumo y, probablemente también, de la de los problemas de salud mental.

Si alguien que sufre depresión o ansiedad no está loco, que era la etiqueta habitual, o el prejuicio automático, un adicto a la coca no tiene por qué ser un criminal ni un enfermo marginal. Aunque en estos casos todavía resulta más complicado dar el paso de contarlo.

Aún predomina el estigma del drogadicto, del yonqui, construido por el prohibicionismo y asumido por la sociedad. Incluso los consumidores pueden sentirse así. No se reconoce públicamente el consumo (salvo entre iguales), porque se ha crecido absorbiendo esos postulados y se llevan dentro, o porque se sabe que la sociedad los lleva. Solo los porros se salvan de la quema. Su normalización avanzó de forma independiente, en comparación con otras sustancias teóricamente más fuertes y con peor imagen, y con sus consumidores no solo reconociéndose como tales, sino presionando por una regulación jurídica (conseguida ya en muchos países, entre ellos los estados menos profundos y puritanos de Estados Unidos) diferente a la del prohibicionismo. Con la cocaína se está muy lejos de esa situación. La ausencia de visibilidad del consumo explica la implantación silenciosa, pero también que se perpetúe el tabú y la falta de un debate público necesario.

«Mientras se mantenga inalterable el nivel de los requerimientos de drogas estupefacientes en las sociedades de alto desarrollo, será infructuoso tratar de reducir, en base a medidas meramente represivas, su tráfico proveniente de los países abastecedores. El combate contra las drogas, a pesar de todo el despliegue publicitario en torno suyo, no pasa de ser una burda patraña.»

Quien escribió estas líneas no es un político contrario al prohibicionismo ni un abanderado de la legalización. Fue un narcotraficante. Uno de los más grandes del mundo, pero también de los menos conocidos. Se llamaba

Roberto Suárez y en su Bolivia natal, donde durante décadas hubo las mayores plantaciones de coca (hoy superada por Colombia), fue el rey de la cocaína, como se lo conoció a finales de los setenta y comienzos de los ochenta. El hombre que acaparó casi el monopolio del negocio en Bolivia en la época previa al auge y consolidación de los grandes cárteles colombianos, que es la parte de la historia más notoria. Así lo dejó escrito antes de morir en el año 2000 en una autobiografía que nunca se publicó.

Suárez fue el hombre que, controlando la producción de plantaciones de coca en origen, controló el negocio durante unos años. Pablo Escobar, el narcotraficante más famoso, llamaba a Suárez «don Roberto». A Escobar, Suárez lo bautizó como «el pelícano» por su papada. En aquellos años de reinado, Suárez no tuvo escrúpulos para crear su imperio asociándose, incluso, con el criminal de guerra nazi Klaus Barbie. Barbie vivía en Bolivia desde los años cincuenta con una identidad falsa como Klaus Altmann. Tenía contactos entre la cúpula militar del país, que se alternaba en esa época en el poder golpe tras golpe de Estado. Barbie le propuso a Suárez que financiara el golpe que en julio de 1980 dio el general Luis García Meza, quien sería el último dictador de Bolivia, para crear un narcoestado. Invirtió para ello cinco millones de dólares. Y lo logró. Aunque la dictadura y su chiringuito se desmoronarían un par de años más tarde. Suárez tenía un objetivo, así lo proclamaba él: sacar a su país de la pobreza gracias a su mejor recurso natural, la coca, y elevar, además, su precio para que la consumieran las élites en Estados Unidos y Europa y no la gente más desfavorecida de su país. Su imagen se mantiene hoy entre la del narco de la cocaína que fue y el Robin Hood de la hoja de coca que decía ser.

Antes de que Suárez impusiera su monopolio, en Bolivia se cultivaba la coca para mascarla, como se hacía ancestralmente. Es la hoja sagrada milenaria (fuente también de vitaminas, hierro, potasio o fósforo) cuyos efectos más atractivos ya conocieron los colonizadores españoles. Se vendía al peso a los primeros traficantes colombianos y mexicanos, pero con eso apenas ganaban los bolivianos. Estaban vendiendo oro a precio de arena. O, como dicen allí, a precio de gallina muerta. Enseguida empezaron a convertirla en pasta base, por la que se embolsaban un porcentaje mayor y que facilitaba transportar mayores cantidades en avionetas a Colombia (fabricar un kilo de pasta base requiere más de cien de hojas). Con Suárez se alcanzó en Bolivia la cima del negocio porque se asoció con los colombianos para que les enseñaran a fabricar la cocaína, el clorhidrato de cocaína, y así no ser clientes sino socios y participar de las ganancias mayores de la cadena, que son las del polvo blanco final (de una tonelada de hojas de coca se obtiene menos de un kilo y medio de cocaína).

Niemann descubrió cómo extraer cocaína de la hoja de coca en el siglo XIX en su laboratorio de Gotinga. En Latinoamérica se ha hecho desde hace décadas en fábricas y laboratorios clandestinos junto a las plantaciones. Cada año, más.

En 1971 la cocaína tenía ya mucho pasado pero todavía poco presente. En aquella época llegaban a Estados Unidos la marihuana y la heroína mexicanas que consumían desde los hippies hasta los soldados que volvían de Vietnam, ya enganchados o no, a una vida anterior que nunca más lo sería. Fue aquel año, durante una conferencia de prensa en la Casa Blanca, cuando el presidente Richard Nixon proclamó que la adicción a las drogas era el enemigo público número uno del país y anunció una ofensiva mundial contra ella. Los medios de comunicación recogieron el mensaje e hicieron el resto. A la campaña de Nixon la bautizaron como la guerra contra las drogas. Cincuenta años después, es la guerra más larga que ha librado Estados Unidos y la tercera más costosa económicamente tras la guerra contra el terrorismo iniciada después del 11-S (en la que se incluyen las invasiones de Afganistán e Irak) y la Segunda Guerra Mundial. Un billón de dólares (un millón de millones) gastados, literalmente, para nada.

En los años noventa ya se sabía que la guerra contra las drogas estaba perdida y el modelo del prohibicionismo obsoleto. Desde hacía más de una década se empezaban a implementar en paralelo los de reducción de riesgos. Pero entonces se quiso fomentar el debate y trasladarlo a los gobiernos. Se hizo en las Naciones Unidas. Para ello se encargó un informe sobre la cocaína a expertos independientes. El proyecto era el mayor estudio que se había realizado nunca en el mundo. Contó con información de una veintena de países sobre su uso, sus consumidores o sus efectos. Reflejaba todos los tipos de consumo, desde los más problemáticos, como los que había mostrado el crack en las ciudades de Estados Unidos, hasta el recreativo de la coca esnifada o la hoja mascada en algunas comunidades latinoamericanas. El estudio, y aquí viene lo bueno, revelaba que la mayoría de los países participantes reconocía que el consumo ocasional de cocaína no era necesariamente problemático, que el alcohol y el tabaco tenían un mayor impacto negativo, y que aspirar a la abstención de toda la población, además de ser una quimera, bloqueaba otras alternativas más realistas.

El informe nunca se debatió ni se difundió. En cuanto empezaron a conocerse algunas de sus conclusiones, Washington lo vetó. El gobierno norteamericano, a través de su representante en la Organización Mundial de la Salud, alegó que sus resultados iban en contra de las campañas de erradicación (la guerra contra las drogas) y que eran el resultado del *lobby* a favor de la legalización de la cocaína, representado por quienes abogaban por los programas de reducción de riesgos. El argumento era falso. La reducción de riesgos puede abogar, o no, depende de cada uno, por la legalización de las sustancias o por normativas alternativas al prohibicionismo. Pero no importaba. Estados Unidos cercenó el debate amenazando con recortar sus fondos para esos programas si las posturas de la organización no se dirigían a «reafirmar los enfoques probados para la fiscalización de drogas». O la OMS (la ONU) defendía sin fisuras el prohibicionismo o dejarían de financiarla y esta se hundiría. Todo iba a seguir igual. Tres décadas después algunos expertos se lamentan aún por la oportunidad perdida entonces, una de las más importantes en las políticas de drogas. Pasado medio siglo del mensaje de Nixon, cada año más personas consumen sustancias en el mundo, más se fabrican y más dinero ingresan las organizaciones criminales con ellas. En la tercera década de los 2000 la producción de cocaína supera con creces las dos mil toneladas anuales, el doble que en la segunda.

Año 2022, la revista británica *The Economist*, que quince años antes hablaba de Miranda de Ebro como la capital mundial de la droga, lanza una campaña que enseguida desborda sus páginas, como sucedió con la noticia de los baños de Westminster, y llega a todos los medios. *The Economist* aboga por la legalización de la cocaína y hace incluso un llamamiento al entonces presidente Joe Biden para que se lo plantee. La guerra contra las drogas es un fracaso demostrado y el mundo necesita un cambio. Para la revista, los beneficios de la legalización compensan los riesgos. Entre los argumentos a favor expone que en Estados Unidos se reducirían las muertes por sobredosis, porque tendría más calidad y no existiría cocaína cortada con fentanilo como la que provoca allí la mayoría de las muertes. También apunta que la legalización es el único camino porque la despenalización de la posesión, que el consumidor no sea un criminal, beneficia a los cárteles. Oregón se había convertido meses antes en el primer estado que votaba a favor de esta medida. Frente a la persecución absoluta del prohibicionismo, tanto de los fabricantes como de los traficantes y consumidores, se optaba por esa máxima del británico John Stuart Mill, uno de los teóricos del liberalismo: sobre uno mismo, sobre su cuerpo y su mente, el individuo es soberano. La libertad de elección por encima de cualquier otro postulado.

Oregón fue el primer estado que daba el paso con la cocaína, tras la legalización en otros de la marihuana, pero no era pionero en nada. En muchos países la posesión de co-caína no está penalizada, España entre ellos. Está penalizado el cultivo, la fabricación y el tráfico de sustancias, pero no su consumo ni su posesión en unas cantidades que sean para consumo propio. Estas circunstancias están reguladas por la ley de seguridad ciudadana, conocida como ley mordaza, de 2015, y por la jurisprudencia. Por ley se castiga el consumo público de drogas, pero también la tenencia, lo cual da margen para una posible sanción si se muestra en público aunque no se consuma. Desde que se aprobó la ley se multa a ciento cincuenta mil personas al año por ello, la mayoría consumidores de cannabis. Por la jurispruden-cia se estima que una persona puede alegar que hasta un gramo y medio al día es para consumo propio, pero como se permite poseer una canti-dad para varios días, los abogados establecen en siete gramos y medio la cantidad máxima que una persona puede llevar encima. A partir de ahí se consideraría tráfico de drogas.

Esta despenalización española es, proba-blemente, otro de los factores de la normaliza-ción y otra cara del poliedro del fenómeno del alto consumo, porque se minimiza el riesgo (penal). Aunque ni es exclusiva de España ni sostiene los primeros puestos del ranking: en Portugal la posesión está despenalizada desde hace dos décadas y, como sucedía con la hipótesis del puerto de entrada, su consumo de coca es bajísimo.

En 2023, la noticia surgió desde Suiza. En Berna, la capital, anunciaron que estudiaban un modelo que permitiera la venta legal de cocaína para uso recreativo. Era solo una idea, como puntualizaron cuando el asunto se convirtió en una gran noticia, sin planes aún de cómo hacerlo, de cómo se vendería esa coca o de dónde se obtendría. Una idea con la que trabajar para pensar si otro modelo es posible. Sin plazos ni compromiso.

Un año después era la alcaldesa de Ámsterdam quien pedía un nuevo paradigma con la cocaína para regular su fabricación y venta y reducir el crimen organizado. En el Ayuntamiento justifican su posicionamiento por el impacto de las mafias en el país, porque Róterdam, como Galicia o Amberes, son grandes puertos y puertas de entrada, y aunque combatan el crimen solo aspiran a ganar pequeñas batallas en una gran guerra perdida.

La irrupción de noticias como estas, puntuales y sin más impacto que el fogonazo inicial, revelan el vacío que hay tras ellas, la ausencia de debate sobre la legalización de las drogas ni de planes sobre cómo enfocar el problema más allá del modelo prohibicionista y de guerra contra las drogas que no funciona. Con el cannabis se cambió el paradigma. Pero el cannabis no estaba en la misma categoría que la cocaína, y la comunidad del cannabis es la comunidad del cannabis (la primera regla del club del cannabis es que eres del club del cannabis). No está en la lucha por legalizar otras sustancias (la segunda regla del club del cannabis es que no se habla del club de otras drogas). El activista del cannabis, salvo excepciones, no lleva el debate más allá; pero su legalización en muchos países, incluso en partes de Estados Unidos, es un ejemplo de alternativa.

Legalizar la cocaína supondría ingresos para el Estado, tanto de nuevos impuestos como por la reducción del gasto (desde los medios al trabajo policial o las cárceles) que supone la lucha contra el narcotráfico, acabar con las redes criminales que viven de su ilegalidad, aumentar la calidad y los controles sobre el producto y crear una alternativa al prohibicionismo. En paralelo con la legalización (y la normalización ya no silenciosa) habría también más educación, más conciencia del consumo problemático y más tratamientos. Si se quieren aducir, además, razones más teóricas, puede recurrirse a la frase de Stuart Mill, a la libertad individual para consumir también aquello que es perjudicial para la salud, como se hace no solo con estas sustancias. No hay legislación para prohibir los bollos a quienes tienen el colesterol disparado.

En contra, el argumento troncal es que el Estado no puede legalizar un producto con consecuencias tan dañinas para la salud. Ya hay otras drogas que son legales, con el alcohol y el tabaco a la cabeza, y se intenta reducir y limitar su consumo. El Estado debe proteger a los ciudadanos y no exponerlos a sustancias que, si se vendieran legalmente, dispararían su consumo. Para este razonamiento no hay pruebas, porque debería llevarse a la práctica para ver sus consecuencias reales, pero es muy probable que, al menos inicialmente, aumentara su consumo, aunque la coca perdiese el atractivo que tiene lo prohibido. Otro argumento fundamental en contra es que sería un paso muy drástico para el que no habría marcha atrás.

La falta de debate, el silencio irrompible, se entiende también porque esta no es una cuestión de un país, sino que requiere un consenso internacional. Cambiar el modelo supone hacerlo mundialmente y enfrentarse a Estados Unidos (y a muchos otros países, entre ellos China) y su prohibicionismo. Para aquellos dirigentes que lo propusieran, como la alcaldesa de Ámsterdam, implicaría dar la imagen de ser blando con las drogas, y un político no se atreve a ser blando con las drogas porque la imagen de las drogas es la impuesta desde hace décadas, la del NO como única alternativa. Los no consumidores suman más votos. En los países occidentales, además, no se sufren sus peores consecuencias.

El negocio de la droga mueve anualmente más de cuatrocientos mil millones de euros al año. Es uno de los mejores del mundo y un pilar de los imperios del crimen organizado. Hasta que el cibercrimen se convirtió también en una gran oportunidad y diversificó aún más la cartera, más de la mitad de sus ingresos llegaban de la droga. Son cantidades tan descomunales que se comparan estadísticamente con las grandes industrias del mundo. Es tanto dinero que en 2008, en pleno colapso financiero, estos ingresos son los que dieron oxígeno (y liquidez) a la banca mundial una vez reingresado al sistema y blanqueado por las mafias y las instituciones financieras. El tráfico de cocaína supone cerca de ciento cincuenta mil millones de esas ganancias. Y esto son solo las cuentas, porque luego está el otro balance, el de los muertos.

En Latinoamérica vive menos del diez por ciento de la población mundial, pero allí se cometen anualmente cuatro de cada diez homicidios. En el mundo mueren más personas por homicidios que por guerras y terrorismo. Casi medio millón al año. Es difícil calcular cuántos están relacionados con las drogas, más aún con la cocaína en concreto, pero sí se estima que la cuarta parte son atribuibles al crimen organizado y la cifra se dobla en América. En la teoría a favor de la legalización, si se regularan las drogas desaparecerían los cárteles y se reduciría drásticamente el índice de asesinatos que el negocio implica (luchas de poder, por producción, por territorios, por rutas de paso...).

Lo mismo, de nuevo en teoría, sucedería si esos países donde más crímenes se cometen la regulasen. Si Colombia, el mayor productor, legalizase la cocaína y su fabricación pasara a manos del Estado o del sector privado (el privado legal, porque también el narcotráfico es sector privado), el problema que la cocaína genera ya no sería para Colombia, sino para los países (la mayoría occidentales, entre ellos España) donde se exporta y consume.

Eso era lo que aspiraba a hacer el narcotraficante boliviano Roberto Suárez: tener un producto que solo se obtenía de su país (unos tienen petróleo; otros, gas; algunos, oro; Bolivia posee la coca) y crear un monopolio para venderlo caro a las clases altas occidentales que lo quieran (y puedan) consumir. Pero esta es solo la teoría. Legalizar la cocaína en un país como Colombia implicaría declarar la guerra contra las drogas a Washington o, cuando menos, una guerra comercial. El país depende económicamente de Estados Unidos, es su principal socio comercial, y estaría vulnerando, entre otros, el tratado de libre comercio entre ambos, privilegiado para Colombia respecto a otros países de la región precisamente porque ha apoyado siempre la guerra contra la droga. La crisis diplomática sería inmediata y de efectos imprevisibles. Prueba de ello fue el regreso de Donald Trump a la Casa Blanca en enero de 2025. A las pocas horas de haber ocupado el Despacho Oval, entre sus primeros decretos firmados figuraban los que castigaban a México y Canadá con una subida arancelaria y una amenaza, poco sutil, como todo en él, de que iría a más. Entre los motivos para justificarla estaba que los cárteles de la droga gobiernan México y que por la frontera de Canadá pasa el fentanilo que asola Estados Unidos como continuación de la epidemia de los opiáceos legales e ilegales. Ninguno de los dos argumentos era cierto, o no lo era al nivel que Trump los proclamaba, pero no importaba. Como para enfrentarse al Tío Sam legalizando las drogas y con una trumpización del mundo de consecuencias tan inciertas como inquietantes.

Pero ¿qué pasaría si el ejemplo de Colombia lo siguieran otros estados del continente? ¿Si funcionara estaríamos ante un giro de la historia, un ejemplo de justicia poética? ¿Podría Estados Unidos ser el patio trasero de América Latina ahora que, además, China equilibra la balanza de influencia en la región o compensa la descompensación del siglo xx? ¿Se podría producir un efecto dominó en el resto del mundo? Es poco probable, por la dependencia económica de Estados Unidos, y porque China es también férrea prohibicionista desde las guerras del opio hace más de un siglo. Pero es otro escenario posible, al menos hipotéticamente.

Helen Mirren tiene ochenta años, más de sesenta películas rodadas y un Óscar, colocado en el rellano de la escalera de su casa en Londres, que ganó por interpretar a la reina Isabel II de Inglaterra. Mirren adoraba la cocaína. Nunca consumió demasiada, pero sí le gustaba meterse alguna raya en las fiestas a finales de los setenta y comienzos de los ochenta. Hasta que descubrió a Klaus Barbie.

Barbie es el criminal nazi fugado a Bolivia que se alió con Suárez. Comandante de la Gestapo en Lyon durante la Segunda Guerra Mundial, fue el líder alemán allí durante la ocupación. Además de combatir a la resistencia, por supuesto sin importar los medios, envió a centenares de personas, muchas de ellas niños, a los campos de exterminio. En 1983 fue finalmente detenido en Bolivia después de tres décadas de impunidad y extraditado a Francia. En 1987 el Carnicero de Lyon, como se lo conocía, acabó siendo juzgado y condenado. La historia de Klaus Barbie se cuenta en libros y documentales, como el fabuloso *Hotel Terminus*. La historia de Mirren la ha contado ella. Cuando supo que Barbie estuvo implicado en el tráfico de cocaína en Bolivia descubrió de dónde salían y qué implicaban realmente esas rayas con las que tan bien se lo pasaba en las fiestas de Londres. En aquel momento se acabaron para ella.

La de Estados Unidos no es la única doble moral de esta historia.

Consumo sostenible, consumo ecocomprometido, economía circular, productos de temporada y de proximidad, consumo que apoya las comunidades locales, consumo consciente...

Y después, sniiiiiiiiif...

Se recicla, se ahorra agua, alarma el calentamiento global, se promueven boicots contra Ikea si aparecen noticias de destrucción de bosques o contra el maltrato animal, se buscan envases ecofriendly...

Y luego, sniiiiiiiiif...

«Los españoles han aumentado su conciencia medioambiental.» «El cuarenta y nueve por ciento ya se muestra selectivo cuando compra.» «El consumidor medio en España tiene cada vez más en cuenta a las empresas responsables con el medio ambiente.» «La compra consciente ya es una realidad en el noventa por ciento de los hogares españoles.»

Y por la noche, sniiiiiiiiif...

¿Son ecofriendly los envases de los camellos?

Con la cocaína no existe sostenibilidad ni conciencia de consumo. No importa la producción y el impacto que esta tiene, sino conseguirla. Probablemente, no solo sucede con la cocaína. Por mucho que digan las encuestas y los estudios, solo importa realmente el consumo cuando nos afecta directamente, como los alimentos, o si da buena imagen o es tendencia, como ciertas marcas o productos. Con la cocaína ya hemos visto que tampoco condicionan los ingredientes, que se fabrique usando queroseno, ácido sulfúrico o amoniaco, entre otros muchos precursores necesarios para que la hoja de coca acabe transformada en clorhidrato, o que después se corte con pesticidas para animales. Menos aún los daños colaterales de su consumo, con los muertos como punta de un iceberg de víctimas de la violencia, corrupción, sociedades rotas y estados fallidos.

Curiosamente, su consumo, además, ha crecido en la época en la que más se ha visto su impacto, porque las plataformas audiovisuales se han saturado de narcos e historias de narcos desde la ficción hasta la no ficción, en formato película, serie, documental o pódcast. La vida de Pablo Escobar se ha exprimido hasta hacerse incluso proyectos sobre sus hipopótamos. Todos ellos, violentos y sanguinarios. En la época de Escobar se multiplicaron por diez los asesinatos en Medellín.

Paradójicamente, esto no solo no afecta al consumo. Tal vez se vea (o se quiera ver) como un pasado que ya no existe aunque sí lo hace. Escobar, epítome del narco y de sus consecuencias, parece haberse convertido en un personaje de ficción. En uno, además, que fascina. La cara de Pablo Escobar sonríe hoy icónica desde las camisetas de los puestos de suvenires como antes escrutaba ceñuda la del Che, y algunos de sus colegas y secuaces, que todavía los hay vivos, libres y coleando, se ganan la vida como *narcocoach*, como se define, por ejemplo, Jorge L. Valdés, excontable de los cárteles, que da lecciones para gestionar negocios con mentalidad de narco.

Exterior. Ciudad. Marquesina de autobús. «Rayas ya.» Anuncio de la nueva temporada de El Corte Inglés.

Exterior. Madrid. Puerta del Sol. La silueta del Tío Pepe se queda pequeña frente a la lona descomunal de Netflix. «Blanca Navidad» y el rostro de Escobar (el del actor Wagner Moura interpretándolo).

Exterior. Día. Carretera. Valla publicitaria. «Lo mejor de Colombia pasa por aquí.» ¿Otra serie de televisión? Una campaña sobre café en Galicia.

Interior. Bar de Valladolid. «Un pollo de coca... cola.» Tal cual: la raya, la bolsita, el turulo para esnifar. Es un concurso de tapas. «Soy artista más que cocinero. Y un artista tiene que hacer algo que cree emociones», cuenta orgulloso su artífice.

Exterior. Madrid. Cartel de un local. «Pillamos un pollo.» Un pollo es un gramo en el argot de la coca. Aquí es pollo al carbón y vermú.

Son solo algunos ejemplos. Y ni siquiera aparece ningún meme de los que se comparten en redes y grupos, donde abundan los vídeos de personajes conocidos presuntamente pasados de la raya, de alusiones a la cocaína y su consumo, de bromas, en definitiva, sobre la coca.

Como el consumo disparado en España o la banalización de los efectos del narcotráfico (con Escobar como el Che), también choca la trivialización que se exhibe en ocasiones. Como esas campañas publicitarias con dos niveles de lectura. El primero, el anuncio, el obvio, la promoción de un producto. El segundo, el guiño al consumidor, al entendido, el chiste que no todos pillarán o que solo pillarán quienes pillan. La trivialización está ligada, por supuesto, al proceso de normalización. Es una realidad que existe aunque lo haga en silencio, un producto normal con unos códigos compartidos (y sin necesidad de tomarla). De coca no se habla, pero sí se hacen bromas y guiños con ella, lo que prueba que está ahí.

Pero también cabe la interpretación a la inversa y que esta cierta trivialización o banalización fuera un paso más allá en la percepción que existe sobre la cocaína. No solo se habrían perdido la preocupación social y el miedo del gran NO a las drogas, sino también la conciencia de su negatividad aumentando por ello su consumo en España. Del gusano que devoraba cerebros en las campañas de los noventa al juego publicitario entrados los 2000. En ambas hipótesis (pueden ser complementarias), su uso como reclamo publicitario, bien para el público general para series de narcos o para el consumidor con guiños privados, demuestra también que la cocaína se ha convertido en un producto más de la sociedad de consumo, o de ya hiperconsumo, en la que vivimos. Como la ropa, como los restaurantes, como el ocio, como todo. O en una de sus consecuencias, porque el ser humano siempre ha consumido drogas, pero nunca tanta.

Tercera parte: nosotros

El búfalo de agua es un animal venerado en Vietnam, símbolo de bravura, prosperidad y felicidad. En el zodiaco de este país aparece como Suu. Durante la guerra de Vietnam, miles de soldados norteamericanos se engancharon a la heroína y la siguieron buscando y consumiendo tras su regreso. A ese enemigo público se refería Nixon cuando la cocaína y el crack no habían irrumpido aún. No fueron los únicos que lo hicieron. Decenas de artículos cuentan hoy la leyenda (no se ha probado) de cómo los búfalos de agua, desplazados por los bombardeos de su hábitat, empezaron a comer amapolas (la planta de la que se extrae la heroína) por su efecto sedante más que por alimentarse. No es el único caso. Hay mandriles que se dopan con plantas antes de pelear porque les da fuerza y sienten menos dolor, renos que comen hongos, gatos que mastican hojas que los atolondran. Los osos, lo saben hasta los niños pequeños, enloquecen por la miel. También esta es una droga. La naturaleza no distingue entre sustancias legales o ilegales. Se sabe que algunos animales consumen drogas, aunque no todos lo hacen ni está claro por qué, si es algo conductual o puntual, como en el caso de los búfalos de Vietnam. El hombre no es el único ser vivo que las toma. Aunque en nuestro caso sí conocemos los motivos.

Existen evidencias de que el *Homo sapiens* consume drogas desde la prehistoria. Bebía hidromiel (la miel fermentada con agua, con graduación alcohólica) y conocía las plantas adormideras, de las que se extrae el opio. La cultura maya usaba el peyote y la inca la hoja de coca. En las civilizaciones grecolatinas también se consumía opio, como se han consumido durante siglos el beleño, alucinógeno, el cáñamo o la mandrágora. Como le sucede al vino. Como la marihuana. Como llegaron más tarde la morfina, la heroína o la cocaína, tras las investigaciones de Niemann y de Willstätter. Hasta las drogas sintéticas, que son exclusivas de nuestro tiempo, ya que la química continuó evolucionando más allá de los tiempos de los laboratorios de Gotinga.

El ser humano ha consumido drogas desde que es ser humano. Ha buscado siempre en la naturaleza, primero, y en la naturaleza procesada, después, a medida que iba aprendiendo a hacerlo, sustancias que alteraran su consciencia o su estado físico, su realidad. Esto implicaba, por supuesto, su uso medicinal. Pero también el ritual, para las ceremonias mágico-religiosas, y, el más importante aquí, el lúdico o el social, el consumo recreativo de sustancias.

La historia del ser humano está repleta de tribus y sociedades en las que las drogas formaban parte de los ritos; de líderes espirituales, brujos, chamanes, que se colocaban para alucinar y alterar su percepción. Las drogas permitían conectar con el otro mundo. Había un mundo en el que se vivía, el de la tierra, los alimentos, la vida ordinaria, y otro más allá, el espiritual, el que habitaban los muertos y los dioses, al que solo se llegaba en vida alterando la consciencia, trascendiendo. En esos rituales se mezclaban drogas con músicas rítmicas, danzas, humo... Ceremonias que podían durar horas o días sin comer o sin dormir. Quizá tampoco en esto hayamos cambiado tanto. Ahora no lo hace solo un chamán, sino miles de personas, y se llama rave o festival, lo patrocinan multinacionales y, entre las entradas y las sustancias, formar parte de la tribu sale bastante caro.

Ya hubo también momentos en el pasado en que se controlaron las drogas, como sucedía con la hoja de coca inca, para que fueran de uso exclusivo de los líderes o para que el pueblo no se convirtiera en una amenaza para el poder si las tomaba. Pero no se prohibieron. Los chamanes, los dirigentes o las élites seguían *disfrutando* de ellas. Hasta que llegó la Edad Media (y la influencia de la religión) y algunas empezaron a perseguirse y dejaron de consumirse, al menos públicamente. De ahí, entre otras causas, vienen las brujas y las hogueras en las que se las quemaba. En una historia milenaria, este giro es casi historia reciente. No vivimos nada nuevo, ni por consumo ni por demonizaciones. La gran diferencia hoy es que su uso se extiende por la pirámide poblacional con una intensidad y dimensión inéditas. Y lo hace en la época más consumista de la humanidad.

Work hard, play hard es un enunciado muy popular del mundo anglosajón, pero se desconoce su origen exacto. Una versión apunta a que fue el físico británico William Newnham quien lo escribió por primera vez en 1827 en un libro sobre principios intelectuales, morales y religiosos. La más extendida cuenta que se popularizó tras convertirse en el lema de la escuela preuniversitaria Racine, en Wisconsin. El mensaje completo era *Work hard, play hard, pray hard*. Con los años el enunciado perdió tanto el rezo como la intención con la que se lo repetía el director a sus alumnos. En una sociedad capitalista, no cabe otra opción que trabajar duro, producir lo máximo posible, forzar los límites, centrarse exclusivamente en eso, y después, darlo todo en el tiempo libre igual que se ha dado produciendo, forzando también los límites. Machácate y desquítate, vamos. Producción y excesos.

Las drogas eran una forma de jugar duro. Lo siguen siendo. La raya de coca es, en la mayoría de los casos, la línea blanca que separa el trabajo y las obligaciones del tiempo de ocio.

Pero esa misma frase, que representaba el

paradigma de Wall Street como corazón del capitalismo, se ha extendido también a toda la sociedad. Y se ha interiorizado.

La presión por ir a más y la urgencia que desata no son ya exclusivas de algunos trabajos, sino que afectan a todos. Y no solo se ha acelerado la vida profesional, sino que esas dinámicas se han extendido a la personal. Ahora toda la vida es urgente. La prisa se ha introducido como un virus de nuestro sistema operativo. Y con ella, también, la prisa por salir de la prisa. Eso es también la coca: prisa. El ritmo de la sociedad hoy es el de la cocaína. Es la droga de la aceleración (más aún si va, además, cortada con otros estimulantes) y es la droga para adaptarse a esa aceleración.

La sociedad neoliberal es una sociedad ya sin amos porque somos nuestros propios amos, que ha sustituido la exigencia externa por la interna, fomentando la competitividad máxima y la necesidad de producir. El enunciado es falso. ¿Por qué *work hard*? ¿Qué necesidad hay? Pero se ha impuesto. Y la parte del juego, lo que resulta más macabro aún, implica en realidad también *work hard*.

El *play hard* significa hoy consumir. Consumir bienes materiales, desde objetos, ropa o aparatos electrónicos hasta bienes perecederos. En España se dedica más presupuesto a bares y restaurantes que a cultura, ocio y viajes. Pero también el consumo no material, el consumo de experiencias, que se traduce en el consumo (de nuevo tangible) de aquello que nos produce experiencias y nos genera emociones. Preferiblemente, nuevas. Y cuanto más fuertes, mejor. Entre ellas, las drogas. Como la coca.

La sociedad trabaja duro, y después juega duro, que es consumir duro. Cuanto más duro, más trabajo duro hará falta. Un círculo vicioso del que no salimos porque sabemos que tenemos que producir, que tenemos que llegar a más, que no hemos hecho lo suficiente o que podemos hacerlo mejor, porque siempre se puede hacer mejor, o cualquier otro enunciado que funcione para mantener el esquema en pie. La exigencia mayor que no viene impuesta solo por los jefes, como antes, sino por uno mismo.

El sistema, o el modelo, se ha perfeccionado hasta el inquietante momento en que nosotros nos damos los latigazos que antes nos daban otros. Es la fórmula perfecta. El triunfo absoluto del neoliberalismo. Como si a Bill Clinton no le hubieran hecho un *impeachment* por mentir sobre la felación de Lewinsky sino que le hubiesen otorgado la medalla al jefe del año.

La dinámica de la productividad se aplica ahora al ocio y a las relaciones personales. El ocio hay que llenarlo con una agenda como la del trabajo. Tiene que ser productivo, nos tiene que aportar algo, por eso triunfa el *networking* como objetivo y lo que extraigamos de él, ya sean conexiones o experiencias. El consumo, además, se ha convertido en un acto emocional, más allá de lo práctico. Se consume para llenar ese *play hard* como debe llenarse, cada vez con más y cada vez más fuerte, si es posible. Con viajes, restaurantes, festivales, experiencias, tratamientos o todo tipo de objetos de consumo. Entre ellos las sustancias (legales e ilegales), que no se diferencian en esta teoría de los otros productos. La coca también es una experiencia. Con las drogas se siguen las mismas pautas porque forman parte de la sociedad del hiperconsumo. Poseen incluso un mayor impacto simbólico.

Una de las *virtudes* del sistema es que el *play hard* nunca está completo. Cuanto más se añade, más se necesita. Nuevos productos, nuevas experiencias. Nuevas y mayores emociones. Es un pozo sin fondo que reclamará más porque siempre habrá nuevas cosas con las que llenarlo y casi nunca satisfacción suficiente con lo que ya haya dentro (¿no son así las adicciones?) y que empujará a trabajar más para seguir llenándolo (consumiendo). Aunque sean esfuerzos perjudiciales (y vanos). Aquí ya no es solo que la premisa inicial se convierta en una condena, sino que ni siquiera cumple lo prometido. Si la parte de juego resulta insatisfactoria, se trata solo de trabajar duro para trabajar duro. Y ahí es donde entra la paradoja de la coca. Se consumen más drogas porque vivimos en un mundo de hiperconsumo y se consume excesivamente de todo, pero quizá también se consuman más drogas para sobrevivir a ese mundo. La cocaína sería así parte del hiperconsumo y de sus consecuencias. Porque el círculo vicioso está lleno, pero de vacío.

Aunque se desarrolló como una corriente de pensamiento en el siglo XIX y continuó hasta el XX, el existencialismo, como las drogas, también ha existido siempre. La angustia es intrínseca al ser humano. La incertidumbre por la propia existencia, por la absurdidad del mundo, por el silencio de Dios, cada cual, según sus creencias, lo fue llevando a su terreno, de la religiosidad al ateísmo, pero manteniendo ese dolor por ser como base del pensamiento. Tampoco aquí somos distintos. Ni siquiera en cómo resistir a ese desconsuelo. Siempre hemos padecido desasosiego emocional y siempre hemos querido dejar de padecerlo.

Homero canta en la *Odisea* a una sustancia, probablemente el opio, que, combinada con el vino (ni siquiera el policonsumo es contemporáneo), conseguía el olvido absoluto de las penas. Hoy hemos cambiado en que hemos perdido espiritualidad. Y espiritualidad no es sinónimo de religiosidad. La materialidad la ha desplazado de la vida. Vivimos en el mundo de las cosas. Ahora son las aplicaciones de los teléfonos móviles las que nos instruyen para alcanzar la espiritualidad.

Se pierde aquello que nos representa como humanos, que nos hace humanos, desde la cultura, los ritos o la sociabilidad, devorado todo por el consumo y convertidos todos en productos. Se ve en la realidad tras el enunciado *work hard, play hard*, pero también, en las sociedades occidentales, a las que se exporta la mayor parte de la cocaína que se produce en Latinoamérica, en la dinámica de la vida y las relaciones personales y sentimentales, en la acumulación de experiencias aunque no se sientan, en la amistad como *networking* cuantitativa e interesada, en el amor en los tiempos de *tínderes*, las parejas reducidas a objetos fácilmente desechables o experiencias que acumular, o en drogas de las que se quieren siempre más para llenar los vacíos. En este mundo del yo, del individualismo extremo, si somos nuestros propios amos también podemos ser nuestros propios chamanes. Antes, las drogas permitían conectar con el otro mundo, invocando milagros y espíritus que liberasen de angustia a la tribu. Ahora se toman para evadirse del propio.

Buscar el placer no implica solo encontrar aquello que da placer, físico o emocional, sino también (las claves siguen asentadas desde hace siglos) aquello que palia el dolor. El alivio también es una forma de placer. Pero ese placer, entendido de ambas formas, se ha marginado históricamente en el debate y las políticas sobre drogas. No se trata solamente de la libertad individual de escoger aquello que es perjudicial para la salud, sino de considerar la dimensión que poseen. Como la tienen las legales, desde el alcohol al azúcar. Desterrar el placer del análisis es obviar una clave fundamental para comprender el consumo. Más aún si la motivación de hacerlo está fundamentada en una moral pacata que condena el placer. ¿No sería mejor al revés, y que una vida placentera se convirtiera en la aspiración de todos los seres humanos? Después ya se debatirán los límites de ese placer, pero no el placer en sí, o cada uno lo hará consigo mismo. Cada cual decidirá si evitar las pasiones o sucumbir y abalanzarse sobre ellas, como cada cual sabrá cuáles son sus pasiones o placeres sin imposiciones y dónde sitúa los límites.

El ser humano siempre ha sentido angustia, pero jamás tanta. Vivimos en la época en la que la humanidad padece mayores trastornos de salud mental. Resulta lógico pensar que el mayor consumo de drogas esté también relacionado con ello, que sea una de sus consecuencias. Las drogas como medio para alcanzar el placer del no dolor. Pero faltan estudios que analicen esa relación.

Con la cocaína, sin embargo, algunos expertos hacen una lectura de género que resulta muy interesante en este sentido. En España los consumidores son mayoritariamente hombres. Una de las explicaciones para esta gran diferencia es que las mujeres que consumen cocaína (u otras drogas ilegales) se enfrentan a un doble estigma. De la misma forma que el hombre se esconde por la imagen pública asociada a las drogas, esto afecta más a la mujer porque estaría aún peor vista que el hombre y porque, además, la idea de mujer consumidora choca con su rol clásico, que aún perdura culturalmente, se quiera o no. Sin embargo, las mujeres consumen en una proporción mayor que los hombres todas las drogas (legales) para los trastornos mentales, como ansiolíticos, hipnóticos y, sobre todo, antidepresivos, con los que doblan el consumo masculino. Sería interesante estudiar el paralelismo de ambos consumos, saber si están relacionados, si la cocaína (las drogas de los camellos) de los hombres es equiparable a los ansiolíticos (las drogas con receta) de las mujeres. Si la comparación fuera cierta, resultaría aún más revelador. España no está solo entre los primeros en consumo de cocaína, sino que lidera también los rankings de países donde más ansiolíticos y antidepresivos se toman. Seis de cada cien personas toman hipnosedantes a diario y más de setecientas mil tienen un consumo problemático de ellos. Si no fuera tan sencillo conseguirlos, y son numerosas las críticas a los médicos que los recetan con velocidad de pistolero de wéstern, quizá más personas aún consumirían otras drogas ilegales.

En esta línea se sitúa uno de los argumentos contra la legalización. Si se consumen para paliar malestares emocionales, de forma terapéutica, lo que debe hacer la sociedad es trabajar para tratar esos malestares y para evitarlos. El argumento es bueno. Es el mismo que sostienen las críticas en España contra las recetas masivas de ansiolíticos. En vez del recurso a las pastillas, esos trastornos requieren primero una atención psicológica. Pero con ese argumento, de nuevo, se excluye el placer del debate, el uso recreativo, no el terapéutico, de las drogas. El consumo por el consumo, por lo que implican, por la diversión, por las sensaciones, por el desfase, por la socialización que suponen, por lo que sea. Porque alguien decide que quiere hacerlo, que le gusta. O incluso, en esa clave terapéutica, por esa desconexión, por el placer de la evasión, por irse, aunque sea por unas horas, a otro mundo. Porque la cocaína produce placer, y no es una cuestión subjetiva, sino química.

¿Una rayita? ¿Un tiro? ¿Una línea? ¿Qué se siente cuando se esnifa cocaína? Euforia, básicamente. También se reducen el cansancio, el sueño y el hambre. Quien la consume, además, de ahí su atractivo, pierde sus inhibiciones (y con ellas los miedos e inseguridades que las provocan). La coca hace que uno se sienta la mejor versión de sí mismo. Unido todo eso a la noche, que es su escenario de consumo principal, con lo que esta simboliza de oposición al día y las obligaciones, de territorio libre y de presente máximo, se acentúa aún más su efecto y se alarga así mismo la noche.

¿Y cómo funciona?

El consumo mayoritario es esnifado, por la nariz, absorbida por las mucosas nasales a través del riego sanguíneo. Es un método mucho menos eficaz que la cocaína inyectada, pero más limpio y menos agresivo. Incluso entre sus consumidores, la cocaína inyectada evoca al yonqui de la heroína de los peores años de su crisis.

La coca actúa estimulando el sistema nervioso central, formado por el cerebro y la médula espinal, que controlan todas las funciones del cuerpo. Las neuronas son las que envían las órdenes de esa sala de operaciones. Se comunican entre ellas a través de neurotransmisores. Una neurona, a la que se denomina presináptica, libera moléculas de su almacén, sustancias químicas que flotan entre neuronas en el llamado espacio sináptico. De ahí las *coge* la otra neurona, la postsináptica, que recibe la instrucción. Una vez completada la misión, la primera neurona reabsorbe las moléculas sobrantes en el proceso. Y vuelta a empezar. La cocaína evita esta última fase. La neurona sináptica libera sus moléculas, pero no las vuelve a almacenar y sigue dando la orden, amplificando la señal a la otra neurona. Básicamente, se exprime la neurona emisora hasta que se seca.

En el caso de la cocaína el neurotransmisor cuyas compuertas abre para no cerrarlas es la dopamina. La dopamina es la molécula del placer. Su flujo no lo activa solo la coca. También lo hacen el sexo, el dulce y las compras. O los *likes* de las redes sociales. O las series de televisión. La dopamina se asocia con la felicidad, o con la búsqueda de la felicidad, porque da placer, e inmediato. Pero ese placer es un placer fugaz, el placer de la sociedad del consumo, del *like*, de los maratones de series, de la compra, de las sustancias. Tan rápido como se llena, como lo hace el espacio sináptico, se vacía. Por mucho que se bloqueen las compuertas a través de la coca, o las intentemos bloquear con consumos compulsivos que nos tengan siempre en la cresta de la ola del placer, liberando dopamina, adictos a ella.

Esa es la otra cara de la cocaína, el día después, la resaca, cuando frente a la acumulación de dopamina se amanece con las neuronas hechas jirones, agotadas las reservas, y la realidad es triste, cansada y ansiosa, y quien la consume se siente la peor versión de sí mismo. La dopamina puede generar tanto placer como infelicidad. Pero esta es también la otra cara de la sociedad del consumo. Del vacío después de consumir, de comprar, de comer, de las experiencias o los nuevos *likes*. De un placer instantáneo (quererlo todo ya) pero breve convertido en resaca y en necesidad de volver a sentir ese placer, de llenar de nuevo el vacío. La cocaína lo magnifica. Es lo mismo pero a lo bestia. Porque la sociedad actual no es adicta a la cocaína, pero sí, seguramente, a la dopamina.

Hoy se sabe que esta molécula ni siquiera es la respuesta química de la felicidad, sino la serotonina, que frente a la euforia otorga tranquilidad. Y tampoco esto es simplemente así, porque la felicidad, o lo que quiera que sea la felicidad, o ese concepto de la felicidad, la calma o la paz, no es exclusivamente una cuestión química. Reducirla al cerebro, para bien o para mal, lo convierte todo en el yo, acentúa aún más el individualismo y anula otros factores que intervienen. Es un reduccionismo falso. La felicidad, como la infelicidad o la angustia, no son una cuestión exclusiva de química hormonal, sino también de la realidad social, de los otros, de la sociedad, del mundo en el que se vive. Sin embargo, se busca fomentando esa reacción química, la liberación de sustancias con drogas, con nuevos *followers* o comprando compulsivamente. Todo vale, porque la felicidad en la sociedad dopada actual es una cuestión exclusivamente individual, lo cual resta, otra *virtud* del sistema, responsabilidades a quienes lo han creado, lo dirigen o se benefician de él. Y es la felicidad de ese placer fugaz que fomenta el consumo, frente a otras alternativas duraderas y colectivas que no contribuirían a producir más. El negocio, y la trampa, perfecto.

Alcanzar esa felicidad es imposible, siempre temporal, porque nunca se estará satisfecho ni en calma. La evasión resulta más sencilla (el gramo de coca cuesta lo mismo que la hora del psicólogo), aunque no garantiza nada. Ahí estará el día después. Con este modelo nadie asegura la victoria.

Ahí, en medio, está la cocaína y su avance imparable. Como lo están otras drogas (legales e ilegales) y tantas cosas que se consumen. La conversación, por supuesto, trasciende la coca e incumbe a todos. No se trata ya de sustancias, ni siquiera de nosotros mismos, como seres individuales, sino de quiénes somos colectivamente, a qué futuro como sociedad aspiramos y cómo contribuye eso al bienestar, a la felicidad o al alivio de la angustia humana. Pero resulta revelador, y esto sí tiene que ver con las drogas, cómo el propio sistema se trampea a sí mismo. Si a comienzos del siglo XX uno de los argumentos del prohibicionismo del alcohol y las drogas era que perjudicaban la productividad y amenazaban la economía capitalista, sus consecuencias son paradójicas. Ha sido

ese mismo modelo, derivado hasta el neoliberalismo más salvaje (occidental, básicamente),
el que incita a tomarlas. Por su experiencia y
placer, o por el alivio de escapar de esa rueda
y de uno mismo. En esa falla del sistema, en esta
paradoja de la coca, tal vez estén la salvación o
el cambio. O quizá, de momento, menos ambi-
cioso, el inicio de la conversación pendiente.

Notas del autor

Este libro no es un ensayo académico. Tampoco lo pretende. Es un retrato inacabado, el esbozo de una realidad multidisciplinar y compleja. Por eso, además de posibles hipótesis, plantea preguntas, comenzando por ese ¿por qué?, que puedan abrir conversaciones y cerrar silencios.

Me he centrado en la cocaína por ser la sustancia ilegal, después del cannabis, más consumida, por su historia e imagen como reina de las drogas y especialmente por el altísimo consumo en España, pero su realidad es aplicable a otras sustancias, entre ellas las legales. El alcohol es, con diferencia, la más consumida en España, seguida del tabaco, los medicamentos hipnosedantes y el cannabis. Entre las sustancias ilegales más fuertes la cocaína cuadriplica el consumo de éxtasis (como el MDMA o el GHB), las anfetaminas (donde se incluye el *speed*) o los alucinógenos.

Les agradezco especialmente su ayuda a los expertos Oriol Romaní, David Pere Martínez, Claudio Vidal, del valioso programa Energy Control (www.energycontrol.com), y Francisco Garrido Peña por la brújula que nuestras conversaciones y sus trabajos han supuesto.

He excluido las referencias a las fuentes de los datos para facilitar la lectura, pero todos provienen de organismos oficiales: Plan Nacional Sobre Drogas (PNSD), Centro de Investigaciones Sociológicas (CIS), Instituto Nacional de Estadística (INE), Observatorio Europeo de las Drogas y las Toxicomanías (OEDT) y Oficina de Naciones Unidas contra la Droga y el Delito (UNODC).

A quien quiera profundizar más en el tema le recomiendo algunas lecturas: «Ciencia y políticas de drogas. Contexto sociocultural, neuropolítica y control social» (*Cultura y Droga*, 25), de Oriol Romaní; *Sin pasarse de la raya* y *De tabú a la normalización* (ambos en ediciones Bellaterra), de David Pere Martínez Oró; *El pájaro está en el nido. Cocaína, cultura y salud* (Universidad Rovira i Virgili), de Antoni Llort Suárez.

Índice

Nuevos cuadernos Anagrama